Direitos e Deveres dos Trabalhadores que exercem Funções Públicas
(NO *VÍNCULO* JURÍDICO DE EMPREGO PÚBLICO)

Direitos e Deveres dos Trabalhadores que exercem Funções Públicas
(NO *VÍNCULO* JURÍDICO DE EMPREGO PÚBLICO)

2015 · 2ª Edição
Revisto e atualizado com base na nova Lei do Trabalho em Funções Públicas, aprovada pela Lei nº 35/2014, de 20 de junho, e no novo Código do Procedimento Administrativo

Francisco Pimentel
Licenciado em Direito pela Universidade Católica Portuguesa de Lisboa
Inspector Superior
Inspeção Regional da Administração Pública dos Açores

DIREITOS E DEVERES DOS TRABALHADORES QUE EXERCEM FUNÇÕES PÚBLICAS
(NO *VÍNCULO* JURÍDICO DE EMPREGO PÚBLICO)

AUTOR
Francisco Pimentel

EDITOR
EDIÇÕES ALMEDINA, S.A.
Rua Fernandes Tomás, nºs 76-80
3000-167 Coimbra
Tel.: 239 851 904 · Fax: 239 851 901
www.almedina.net · editora@almedina.net

DESIGN DE CAPA
FBA.

PRÉ-IMPRESSÃO
EDIÇÕES ALMEDINA, SA

IMPRESSÃO E ACABAMENTO
EDIÇÕES ALMEDINA, SA

Maio, 2015

DEPÓSITO LEGAL
392918/15

Apesar do cuidado e rigor colocados na elaboração da presente obra, devem os diplomas legais dela constantes ser sempre objeto de confirmação com as publicações oficiais.

Toda a reprodução desta obra, por fotocópia ou outro qualquer processo, sem prévia autorização escrita do Editor, é ilícita e passível de procedimento judicial contra o infrator.

 | GRUPOALMEDINA

BIBLIOTECA NACIONAL DE PORTUGAL – CATALOGAÇÃO NA PUBLICAÇÃO
PIMENTEL, Francisco

Direitos e deveres dos trabalhadores que exercem funções públicas : (no vínculo jurídico de emprego público). – 2ª ed. rev. e atualizada. – (Monografias)
ISBN 978-972-40-6052-1

CDU   342

*À minha mulher, Fátima,
pelo tempo de convívio que lhe roubei.*

Introdução
(atualizada)

1. O objetivo principal que presidiu à elaboração deste livro foi o de facultar a todos os *"agentes"*, no sentido de intervenientes ativos, da Administração Pública informação tanto quanto possível detalhada, clara e acessível, mas sem quebra do respeito devido à *(novel)* terminologia jurídica concetual utilizada, sobre o conjunto dos direitos e deveres que assistem aos trabalhadores que exercem funções públicas enquanto uma das partes da relação jurídica de emprego público, conceito agora omitido e rebatizado de vínculo jurídico de emprego público na nova Lei de Trabalho em Funções Públicas, aprovada pela Lei nº 35/2014, de 20 de junho, em que a Administração Pública, na sua qualidade de empregador público, assume o papel de sujeito ativo. Não obstante esta alteração conceitual, que importa ter em conta, alerta-se desde já que, sempre que tal se nos afigurar necessário para obter uma melhor compreensão expositiva da realidade das relações sociais tuteladas pelo direito, não deixaremos de fazer uso nesta obra da figura da relação jurídica, não só por ela se revelar como a mais consentânea com a tradição jurídica presente na sistematização do nosso Código Civil de 1966, no direito em geral e na doutrina, mas também por ela ter aqui um significado sinónimo, coincidente pois, com o de vínculo de emprego público (artº 6º, nº 2 da LTFP).

2. A Administração Pública para poder satisfazer as necessidades coletivas de segurança, cultura e bem-estar das respetivas populações, isto é, para prosseguir a satisfação dos interesses públicos das comunidades em que se integra, necessita de um conjunto de meios económicos, financeiros, materiais, técnicos e humanos essenciais à prossecução efetiva daqueles fins públicos que lhes estão constitucional e legalmente cometidos.

3. Concretizando, para que se possa, por exemplo, levar por diante o direito à proteção da saúde previsto no artº 64º da Constituição da República Portuguesa (CRP), o Estado-Administração Pública, através do respetivo serviço nacional de saúde, tem de proceder à seleção e recrutamento dos profissionais trabalhadores de que necessita de modo a «garantir uma racional e eficiente cobertura de todo o país em recursos humanos e unidades de saúde» (nº 3, al. b)), constituindo com eles verdadeiras relações de trabalho que, por força das opções políticas e legislativas tomadas nesse sentido, são disciplinadas e reguladas de forma autónoma em legislação própria da função pública em virtude da importância e preponderância do interesse e fim públicos perseguidos por aquela Administração Pública. Na sequência da constituição destas relações de trabalho típicas da função pública, juridicamente qualificadas como relações ou vínculos de emprego público para as distinguir das relações jurídicas de emprego privado previstas e reguladas no Código do Trabalho, os respetivos trabalhadores assumem um conjunto particular de direitos e deveres que importa assim analisar.

4. Os direitos e deveres dos trabalhadores que exercem funções públicas encontram-se, conforme referimos atrás, previstos e regulados num conjunto de diplomas legais próprios sobre a função pública, a que se convencionou chamar o estatuto da função pública, no âmbito do chamado Direito Administrativo, autonomizado assim do Direito do Trabalho e do seu Código do Trabalho. Porém, na sequência da cedência às últimas tendências doutrinárias que veem e concebem as relações de emprego na função pública como meras relações de trabalho detentoras, quanto muito, de alguma especificidade, assistiu-se recentemente à publicação da nova Lei de Trabalho em Funções Públicas que, não obstante ter ainda mantido aquela sua especificidade própria, acabou por acolher no seu seio e de forma expressa esta deriva do direito da função pública para o âmbito do Direito do Trabalho, quer adotando no seu corpo de diploma muitos conceitos e institutos próprios deste ramo do direito privado quer elegendo e transformando o próprio Código do Trabalho em direito de aplicação subsidiária daquele. É, pois, sobre este conjunto de diplomas, agora por expressa opção legislativa alargado ao

Código do Trabalho, que constitui o nosso *novel e original* Estatuto da Função Pública, que nos vamos debruçar de imediato.

5. O presente trabalho tem, assim, como objetivo central facultar aos trabalhadores da Administração Pública um documento síntese sobre o conjunto de direitos e deveres que lhes assistem enquanto sujeitos da relação ou vínculo jurídico de emprego público constituído com o empregador público, outro conceito novo sem paralelo na legislação anterior e que serve para definir e delimitar as entidades da Administração Pública que podem constituir vínculos de emprego público nos termos dos arts. 1º, 2º e 25º, nº 1 da LTFP, a saber, o Estado, as Regiões Autónomas, as autarquias e demais entidades públicas que integram as respetivas administrações públicas indiretas, de modo a que aqueles trabalhadores, assim informados, melhor possam levar por adiante as suas tarefas e funções em matéria de serviço público.

6. Contudo, para que haja uma melhor compreensão da realidade administrativa para a qual aqueles trabalhadores prestam o seu serviço, achou-se conveniente proceder a uma prévia caraterização da nossa Administração Pública, na qual se procurou relevar o papel e importância que lhe cabe na nossa sociedade, a sua organização e atividade administrativas públicas e a forma como essas caraterísticas, informadas e enformadas pelo inerente e superior interesse e fim públicos que prosseguem, influenciam e condicionam aquela relação ou vínculo de emprego público.

7. Resta-nos, pois, fazer votos para que esta obra cumpra com o objetivo proposto, facultando a todos quanto trabalham na Administração Pública – sem esquecer obviamente, e desde logo, os seus responsáveis políticos, dirigentes e chefias, que a representam enquanto empregador público naquela relação ou vínculo jurídico de emprego público, e dão conteúdo, sentido e execução à sua vontade coletiva alicerçada no interesse público, – um prático e acessível quadro legal informativo sobre aquilo que são os direitos e deveres dos trabalhadores que exercem funções públicas, que contribua para a criação de um esclarecido ambiente de trabalho favorável à potenciação da acção dos serviços e dos fins públicos por estes prosseguidos.

Angra do Heroísmo, 12 de janeiro de 2015
FRANCISCO PIMENTEL

1. O Homem, a sociedade e o Estado

Uma das caraterísticas fundamentais do homem tem a ver com a sua sociabilidade. Não é da sua natureza viver sozinho, isolado, num estado de ascetismo, mas sim de forma gregária, primeiro em torno da família, depois do clã, da tribo, até chegar à sociedade organizada politicamente no Estado dos nossos dias. É hoje, assim, praticamente consensual e aceite que a sociabilidade é uma tendência natural e originária do Homem.

A história verídica do marinheiro escocês Alexender Selkirk que acabou por viver 28 anos na ilha deserta de João Fernandez na sequência do naufrágio do seu barco – história tornada famosa através do romance de Daniel Defoe, publicado em 1719, sob o título completo de **«A vida e as estranhas aventuras de Robinson Crusoé»**, adaptada ao cinema e popularizada apenas com o nome de **Robinson Crusoé** – permite-nos não só evidenciar a natureza gregária do Homem como também compreender o meio em que o direito é importante e a sua existência faz total sentido.

Em primeiro lugar a história de Robinson Crusoé permite-nos, desde logo, mostrar a inutilidade do direito numa situação de total isolamento do Homem. Isolado, só, o Homem é que determina e fixa as suas próprias regras de conduta, sendo responsabilizado e penalizado perante si próprio pelas más decisões e ações que tomar. Ele, neste caso, autodetermina-se, não carecendo assim de quaisquer normas externas que lhe fixem aquilo que pode ou deve fazer, normas essas que pressupõem sempre a existência de uma vivência em sociedade e de *alguém* que as produza. Temos, pois, aqui evidenciado o sentido e a importância do **Direito**, que se pode deste modo definir como o **conjunto sistematizado de normas que disciplina as condutas do homem em sociedade, isto é, nas suas relações sociais, sendo a sua observância e cumprimento garantidos através de meios de proteção coativa, como sejam os tribunais, as forças policiais e militares.** A natureza jurídica das normas que compõem o direito resulta assim do facto do seu respeito e cumprimento por parte dos membros de uma determinada sociedade serem precisamente garantidos através da possibilidade de recurso àqueles meios de proteção coativa.

Ubi societas, ibi jus, isto é, onde há sociedade, aí está o direito.

Em segundo lugar, o que ressalta desta história é a natureza gregária do Homem. Os sentimentos contraditórios de receio, esperança e júbilo que Robinson Crusoé experimenta quando descobre pegadas humanas na praia da sua ilha evidenciam quão ele ansiava pelo regresso ao convívio humano com os membros da sua comunidade. Tais sentimentos constituem, pois, um bom testemunho da tendência gregária do próprio Homem.

O Homem é, assim, um ser eminentemente social.

Historicamente houve, contudo, alguns autores, como o inglês Thomas Hobbes (1588-1679), autor do «Leviathan», e o franco-suíço Jean-Jacques Rousseau, nascido em Genebra (1712-1778) e autor do «Contrato Social» (1762), que discordaram do que ficou atrás dito, contra-argumentando que o estado natural do Homem era o de isolado, sendo o estado social uma distorção da sua natureza. A sua concordância ficava-se, contudo, por aqui. Enquanto o primeiro sustentava que o Homem no seu estado natural de isolado era mau e que era a sociedade que compensava esta sua natureza má, o segundo defendia, pelo contrário, a tese do bom selvagem (teoria do «beaux sauvage»), isto é, de que o homem isolado era bom e era assim a sociedade que o estragava e corrompia. Mas se a sociedade estragava o Homem, como compreender e explicar o facto de ele procurar viver em sociedade? Rousseau tentou contornar e ultrapassar esta incómoda objeção defendendo a tese de que a sociedade devia a sua existência a uma espécie de acordo celebrado entre os seus membros nesse sentido, isto é, ela seria uma mera decorrência de um contrato social tacitamente aceite por todos, e não propriamente de uma qualquer tendência natural dos homens. Através deste contrato social o Homem aceitava assim sacrificar parte da sua liberdade e bondade em troca de vantagens materiais eventualmente superiores que a vida em sociedade lhe proporcionaria. Estas teorias não têm atualmente qualquer interesse a não ser histórico.

2. As necessidades coletivas e as funções do Estado

Aceite que a sociabilidade é uma tendência natural e originária do Homem, isto é, que o **Homem é um animal social**, da sua vivência em sociedade decorrem duas consequências imediatas que nos interessam particularmente relevar:

1ª A primeira é a necessidade do direito, isto é, de um *"sistema de normas de conduta social, assistido de proteção social"*, destinado a promover a solidariedade de interesses e a resolver os conflitos de interesses no interior dessa mesma sociedade (João Castro Mendes, «Introdução ao Estudo do Direito», Pedro Ferreira – Artes Gráficas, Lisboa, 2004);

2ª A segunda tem a ver com o facto da mera existência de uma sociedade, pela divisão do trabalho e pela solidariedade de interesses que gera e promove entre os seus membros, **conduzir ao aparecimento de um novo conjunto de necessidades coletivas, cuja satisfação é assumida pela coletividade politicamente organizada.**

A partir do momento em que os homens optam por viver em sociedade há todo uma série de novas necessidades decorrentes daquela vivência em comum que acresce ao conjunto das suas necessidades intrinsecamente individuais. São as chamadas necessidades coletivas. Embora estas necessidades não deixem também de ser sentidas individualmente, elas devem porém a sua existência apenas ao facto do homem viver em sociedade. Vejamo-las então!

A **primeira necessidade coletiva** sentida pelo Homem em sociedade é, desde logo, a que tem a ver com a sua **segurança**. Para a satisfazer, a sociedade teve que se organizar politicamente, dotando-se de uma superstrutura de órgãos, serviços e agentes que garantisse a segurança individual e coletiva dos seus membros. Surgem então aqui os serviços de segurança interna, de polícia, para proteção da vida e dos bens dos cidadãos; os serviços de segurança externa, das forças armadas, destinados a defender a sociedade contra ameaças externas; os serviços do registo civil, predial e comercial, que visam proteger a identidade pública dos cidadãos e a propriedade dos seus bens e sociedades; e, também, os serviços dos tribunais que pretendem satisfazer a necessidade coletiva da realização da justiça, serviços que, por força da evolução histórica, doutrinária e constitucional, acabaram por ficar fora do âmbito da Administração Pública, isto é, do poder executivo, e serem, assim, entregues ao poder judicial (artº 202º da CRP).

As necessidades de **cultura e bem-estar são as outras duas necessidades coletivas** sentidas pelo Homem em sociedade, cuja satisfação é, por sua vez, prosseguida por um conjunto vasto, complexo e diversificado de serviços públicos, como sejam as escolas, as universidades, os institutos politécnicos, os laboratórios, os centros de investigação, os museus, as bibliotecas, os hospitais, os centros de saúde, os centros de segurança social, etc., etc.

Para que a sociedade, politicamente organizada sob a forma de Estado, possa satisfazer estas necessidades coletivas necessita, desde logo, de apreciáveis recursos económicos, financeiros, materiais e humanos. Para os obter e administrar, novos serviços públicos têm de ser criados com vista à gestão do respetivo pessoal e património, bem como ao lançamento e coleta de impostos e taxas destinadas à obtenção dos meios financeiros necessários à satisfação daquelas necessidades coletivas e à sustentação da imensa máquina administrativa responsável pela sua satisfação. Eis-nos, assim, perante os serviços públicos de gestão de pessoal, do património, do fisco, das finanças, da alfândega, etc.

Sempre que uma necessidade for assumida politicamente como uma nova necessidade coletiva, um novo serviço público surgirá com o objetivo de assegurar a sua consequente satisfação.

2. AS NECESSIDADES COLETIVAS E AS FUNÇÕES DO ESTADO

A existência destas necessidades coletivas e a importância da sua satisfação levaram o Estado a assumir a responsabilidade pela prossecução desta sua função pública, através da criação de serviços que constituem e integram assim a sua Administração Pública.

Como situar esta função pública no âmbito mais geral das funções do Estado, na sua aceção constitucional, enquanto «comunidade de cidadãos que, nos termos do poder constituinte que a si próprio se atribui, assume uma determinada forma política para prosseguir os seus fins nacionais» (Diogo Freitas do Amaral, «Curso de Direito Administrativo», Volume I, 3ª Edição, Almedina, 2009, pág. 219/220).

Conforme salienta Jorge Bacelar de Oliveira na sua obra «Manual de Direito Constitucional», Vol. I, 3ª Edição, Almedina, 2009, a pág. 29, o Direito Constitucional define o «conjunto de princípios e de normas que regulam a organização, o funcionamento e os limites do poder público do Estado, assim como estabelecem os direitos das pessoas que pertencem à respetiva comunidade política». Assim, é a Constituição da República Portuguesa que define e regula em concreto a organização político-administrativa do Estado português e o seu funcionamento, lhe fixa os seus poderes, funções, atribuições e competências, bem como os direitos que os respetivos cidadãos têm no seu seio.

A nossa Constituição reflecte e acolhe hoje os ideais triunfantes da Revolução Francesa de 1789, a saber:
a) O da liberdade individual contra o autoritarismo absolutista, então assumido pelas monarquias europeias;
b) O do reconhecimento e atribuição aos seus cidadãos de um conjunto de direitos subjetivos face ao Estado;
c) O do estabelecimento do princípio da separação dos poderes, em que o poder absoluto (do rei ou de alguns) desaparece para dar lugar a três novos poderes, entregues a instituições diferentes, a saber, o poder legislativo, que é atribuído à Assembleia da República, o poder executivo, que fica com o Governo, e o poder judicial, confiado aos tribunais; e, finalmente,
d) O da fixação do princípio da legalidade que faz depender e subordinar toda e qualquer atividade da Administração Pública à existência de uma lei previamente emanada do poder legislativo que

legitime e autorize a sua atuação *(daí dizer-se que a lei é o fundamento, o critério e o limite de toda a atividade administrativa).*

Neste contexto, ao Estado português, na sua aceção constitucional, cabe hoje desempenhar três importantes funções no âmbito dos respetivos poderes de soberania:

1. **A função legislativa** que consiste na definição do interesse geral da coletividade e na sua fixação em forma de lei emanada do órgão que possui o **poder legislativo**, a saber, a **Assembleia da República**;

2. **A função executiva** que se traduz, como o nome indica, em dar execução àquele interesse geral fixado em lei, da competência de quem tem o **poder executivo**, ou seja, do **Governo**;

3. **A função judicial** que se consubstancia na aplicação da lei e do direito, fazendo justiça, aos casos concretos, e cabe ao **poder judicial**, corporizado nos **Tribunais**.

A Assembleia da República, o Governo e os Tribunais são assim órgãos de soberania na medida em que exercem funções que decorrem da titularidade de poderes de soberania por parte do Estado.

Esta estrutura político-administrativa do Estado português, que foi adotada por todos os modernos regimes democráticos e constitui hoje o seu paradigma caracterizador, não é mais do que um afloramento e resultado da famosa teoria da separação dos poderes desenvolvida pelo francês Charles-Louis de Secondat, Barão de La Brède e de Montesquieu (1689-1755), na sua famosa obra de ensaio «O Espírito das Leis». Montesquieu defendia a necessidade da separação dos três poderes legislativo, executivo e judicial como forma de controlar e evitar os abusos do poder absoluto (era uma crítica aberta aos excessos do poder despótico das monarquias absolutistas então vigentes). Esta sua teoria, inspirada na experiência constitucional inglesa, revelou-se tão eficiente e efetiva na realização do objetivo de moderação e controlo do exercício do poder que acabou por ser adotada por todas as constituições dos Estados democráticos dos nossos dias.

Importa referir que o poder legislativo e a função respetiva, fruto da evolução histórica do Estado Liberal – em que o Estado cingia praticamente a sua ação política à manutenção e defesa da ordem e segurança públicas, pouco ou nada intervindo na área económica (daí a sua adjetivação também como o Estado-Polícia), – para o Estado Social de Direito – caracterizado pelo seu considerável intervencionismo económico e social visando garantir uma maior e melhor redistribuição da riqueza produzida entre todos os membros da respetiva comunidade através do reconhecimento e atribuição, a estes mesmos membros, de todo um novo conjunto de direitos constitucionais económicos, sociais e culturais, – **são hoje partilhadas entre a Assembleia da República,** a quem compete o poder de legislar sobre as matérias que lhe estão constitucionalmente reservadas, que têm a ver com a preservação da essência da organização, do funcionamento e dos limites do poder público do Estado e com a salvaguarda dos direitos, liberdades e garantias dos cidadãos (vd. arts. 161º a 165º da CRP), **e o Governo,** a quem foi atribuído o poder de legislar sobre todas os demais assuntos que, por opção político constitucional, extravasassem aquele núcleo de matérias reservadas à Assembleia da República (vd. arts. 197º e 198º da CRP). Devido à demanda e exigência por mais e oportuna produção legislativa por parte do Estado Social de Direito, e face à constatação da incapacidade dos parlamentos em satisfazer tal desiderato, a solução encontrada foi assim a de atribuir, e partilhar, uma parte do poder e competência legislativas com o Governo. Posteriormente, e por opção de descentralização político-administrativa tomada em sede da Constituição de 1976, alargou-se a competência para legislar às Regiões Autónomas dos Açores e da Madeira, atribuindo-a às respetivas Assembleias Legislativas Regionais naquelas matérias que lhes digam diretamente respeito.

E que dizer quanto ao poder executivo e à função executiva?

As consequências económicas e sociais resultantes da Grande Depressão nos Estados Unidos da América de 1929 (que contaminou e arrastou as economias dos restantes países industrializados para uma tremenda crise económica e social) e, principalmente, da II Guerra Mundial; as insuficiências e mesmo incapacidades da livre concorrência da iniciativa privada, que caracteriza a economia do mercado, em garantir uma harmoniosa redistribuição da riqueza produzida entre todos os membros da respetiva comunidade política; a urgência de atenuar e atacar as disfunções sociais emergentes da aplicação das conceções liberais e capitalistas sobre a organização e funcionamento da sociedade e do mercado; a necessidade de afastar as pressões e encantos que as ideologias comunistas exerceram em dado momento sobre as classes operárias e alguma intelectualidade dos regimes democráticos do Ocidente; e, no caso particular de Portugal, a ocorrência da Revolução de 25 de Abril de 1974; foram algumas das razões que deram lugar à emergência de todo um novo conjunto de necessidades coletivas de carácter económico, social e cultural e à sua consequente assunção no rol de funções do Estado.

A Administração Pública na Europa, e também em Portugal, viu, deste modo, ser-lhe acrescentado um novo conjunto de funções no âmbito da produção de bens económicos e da prestação universal de serviços de saúde e de proteção social a todos os seus cidadãos às suas funções regulamentadoras e policiais ou fiscalizadoras iniciais. Como consequência desta evolução, as Administrações Públicas europeias foram-se tornando cada vez maiores, mais complexas e diversificadas de modo a poderem satisfazer as novas necessidades coletivas entretanto assumidas. Hoje, não obstante a tendência política privatizadora que perpassa e se faz sentir com particular acuidade no seio da Administração Pública, quer no plano da conceção da sua organização, quer no âmbito da definição daquilo que deve ser o seu objeto ou campo de atuação, continuamos a aí identificar vários tipos de funções ou atribuições executivas que se prendem precisamente com o facto dos poderes públicos ainda manterem no âmbito da suas atribuições a responsabilidade pela satisfação de todas aquelas novas necessidades coletivas.

O Estado, agora transformado e adjetivado de Social de Direito, para poder dar resposta eficaz e efetiva às solicitações e exigências que a sociedade coloca na satisfação destas novas necessidades, viu-se assim obrigado a reforçar a sua organização, atribuições e competências administrativas no âmbito do seu poder executivo e da sua função pública.

É ao poder executivo, isto é, ao Governo, que compete a função primordial de dar execução ao interesse geral fixado em lei, ou seja, de procurar satisfazer as necessidades coletivas da comunidade em que se insere e da qual emana. Para tanto, o Governo teve de se dotar de um conjunto de órgãos, serviços e agentes destinado precisamente a garantir a prossecução efetiva daquelas necessidades coletivas. Daí reconhecer-se também ao Governo, no âmbito do seu exercício de funções administrativas, a competência para «praticar todos os actos exigidos pela lei respeitantes aos funcionários e agentes do Estado e de outras pessoas coletivas públicas» (artº 199º, al. a) da CRP).

Refira-se, a finalizar, que este poder executivo, fruto de opções de descentralização político-administrativa entretanto assumidas em sede constitucional, é hoje exercido também pelos governos regionais dos Açores e da Madeira, no âmbito das suas atribuições e competências próprias, pelas Câmaras Municipais e pelas entidades que constituem a chamada Administração Pública indirecta.

Quanto à função judicial, porque relacionada com o exercício do poder judicial, enquanto poder de soberania, não será a mesma abordada aqui na medida em que extravasa o âmbito e objetivo deste trabalho.

3. Os diferentes sentidos de Administração Pública

A Administração Pública comporta, pelo menos, três sentidos ou conceitos que importa desde já referir. Vejamo-los!

Conforme referimos atrás, o poder executivo, para assegurar a satisfação regular e contínua das necessidades coletivas dos cidadãos em matéria de segurança, cultura e bem-estar, necessita de um aparelho, de uma máquina administrativa, de um conjunto organizado de meios financeiros, técnicos, materiais e, naturalmente, humanos, que assegure que as suas decisões neste âmbito são efetivamente cumpridas e executadas. Eis-nos perante a **Administração Pública em sentido orgânico ou subjetivo, entendida como o conjunto de órgãos, serviços e agentes de diferentes e diversas entidades públicas que, reunindo e mobilizando inúmeros recursos financeiros, técnicos, materiais e humanos, desenvolve e prossegue, em nome do interesse público da comunidade em que se insere e representa, a satisfação regular e contínua das suas necessidades coletivas de segurança, cultura e bem-estar.**

Outro conceito de Administração Pública que importa reter é aquele que tem a ver com a atividade típica por ela exercida, isto é, com a sua atividade específica de administrar a coisa pública com vista à satisfação das necessidades coletivas da comunidade em que se insere e visa servir. Temos aqui a **Administração Pública em sentido material ou objetivo como sendo «a atividade típica dos serviços públicos e agentes administrativos desenvolvida no interesse geral da coletividade, com vista à satisfação regular e contínua das necessidades coletivas de segurança, cultura e bem-estar, obtendo para o efeito os recursos mais adequados e utilizando formas mais convenientes» (Diogo Freitas do Amaral, obra citada, Vol. I, pág. 39). Para caracterizar esta atividade típica há também quem prefira e adopte o termo *função pública*.

Refira-se, a este propósito, que a nossa Administração Pública age ou desenvolve a sua atividade de uma de três maneiras, a saber, através da emissão de:

a) **Atos administrativos,** que constituem a forma característica e típica de agir da nossa Administração Pública (a sua importância está patente no número de artigos que o Código do Procedimento Administrativo, aprovado pelo Dec. – Lei nº 4/2015, de 7 de janeiro, lhes dedica – do artº 148º a 202º); o artº 120º do Código do Procedimento Administrativo dá-nos uma definição legal de actos administrativos como sendo **«as decisões que, no exercício de poderes jurídico-administrativos, visem produzir efeitos jurídicos externos numa situação individual e concreta»**; tratam-se, assim, de ordens ou comandos unilaterais, sob a forma de despachos, deliberações, ordens de serviço, etc, emitidos por quem tem competência legal própria de decisão na Administração Pública, que obrigam e vinculam juridicamente destinatários concretos, assistindo a estes o direito de se oporem à sua execução mas apenas, a posteriori, através do recurso de ilegalidade para os tribunais administrativos;

b) **Regulamentos administrativos** – o Código do Procedimento Administrativo define-os como **«as normas jurídicas gerais e abstratas que, no exercício de poderes jurídico-administrativos, visem produzir efeitos jurídicos externos» (artº 135º)**; não possuem, assim, a natureza inovatória que caracteriza a lei, nem emanam de qualquer poder legislativo, limitando-se a regular matérias acessórias de natureza administrativa que a lei lhe faculta;

c) **Contratos Administrativos** – na ausência de qualquer definição legal, podemos **defini-los como sendo os contratos celebrados pela Administração Pública com base em normas de direito público com o propósito de permitir ou facilitar a satisfação das necessidades de interesse público**; tratam-se assim de relações jurídicas bilaterais de base contratual reguladas e disciplinadas pelo direito administrativo em atenção à importância do interesse público em presença; estes contratos encontram-se hoje previstos na Lei do Trabalho em Funções Públicas, aprovado pela Lei nº 35/2014, de 20 de junho, e no Código dos Contratos Públicos, aprovado pelo Dec. – Lei nº 18/2008, de 28 de março (alterado pela Declaração de Retificação nº 18-A/2008, de 28 de março, pela Lei nº 59/2008, de 11 de setembro, pelo Dec. – Lei nº 34/2009, de 6 de fevereiro, pelo Dec. – Lei nº 223/2009, de 11 de setembro, pelo Dec. – Lei nº 278/2009, de 2 de outubro, pela Lei nº 3/2010, de 27 de abril, pelo Dec. – Lei nº 131/2010, de 14 de dezembro, pela Lei nº 64-B/2011, de 30 de dezembro e pelo Dec. – Lei nº 149/2012, de 12 de julho).

De toda a atividade administrativa, o ato e o regulamento administrativos constituem, como teremos oportunidade de ver de seguida, a forma de agir característica da nossa Administração Pública.

A existência de necessidades coletivas e a importância da sua satisfação levaram o Estado, e demais entidades públicas, a assumir a responsabilidade pela sua prossecução, através das respetivas Administrações Públicas. Porque a Administração Pública em geral tem por objeto a satisfação de necessidades coletivas e tem como finalidade a prossecução de um interesse público, enquanto a administração privada versa sobre necessidades individuais e interesses particulares, foi-lhe, e é-lhe, reconhecida por lei um conjunto de meios de autoridade que lhe permite impor os seus interesses e fins públicos sobre os particulares. Isto é, em atenção à superior relevância e preponderância do interesse público prosseguido pela Administração Pública sobre os demais interesses dos particulares entendeu-se, na sequência de opção política e legislativa tomada nesse sentido, atribuir, ao Estado e demais entidades públicas que compõem a nossa Administração Pública, especiais poderes de autoridade na atividade por ela desenvolvida. O comando unilateral tornou-se assim o meio de agir típico da Administração Pública portuguesa. Embora se admita o recurso à figura do contrato no âmbito da Administração Pública, a admissibilidade desse recurso faz-se apenas a título excecional, e mesmo assim administrativizando-o em alguns casos, sob a forma de contrato administrativo, uma vez que se trata de um meio jurídico utilizado nas relações jurídicas entre privados, caracterizadas pela igualdade entre as partes. Para melhor compreensão desta nossa realidade, importa referir o quadro histórico, jurídico e doutrinário a ela subjacente.

Ei-lo!

Na Europa existem duas importantes famílias ou sistemas de Direito balizadores dos diferentes ordenamentos jurídicos nacionais, a saber a família anglo-saxónica e a família romano-germânica. Esta dualidade jurídica faz-se sentir também no plano administrativo através da emergência aí de dois sistemas administrativos diferentes, a saber:

a) **O sistema administrativo anglo-saxónico, de administração judiciária ou jurisdicional** – caracterizado pela sujeição da Administração Pública ao Direito e tribunais comuns, como se esta fosse uma mera entidade privada, não lhe sendo reconhecida e atribuída nas suas relações com os particulares quaisquer poderes de autoridade especiais, fundados na importância e preponderância do interesse e fim públicos que prossegue, que dêem primazia e assim facilitem a sua tarefa de satisfação das necessidades coletivas de segurança, cultura e bem-estar. Aqui as decisões da Administração Pública não se constituem de per si como comandos unilaterais, dotados de autoridade própria, carecendo sempre da autorização prévia dos tribunais para se poderem impor sobre os particulares. Em suma: uma vez que neste sistema não se reconhece a existência de razões suficientemente fortes para afastar o princípio da igualdade na prossecução dos interesses públicos, a Administração Pública, para levar por diante as suas decisões, tem e deve agir nos mesmos termos e moldes legais em que o fazem os particulares, isto é, através do recurso à via contratual ou, no caso de esta não ser possível, à via judicial.

b) **O sistema administrativo romano-germânico, de administração executiva** – aqui, pelo contrário, a importância e preponderância reconhecidas aos interesses e fins públicos prosseguidos pelas entidades públicas sobre os demais interesses particulares, traduziram-se na atribuição à Administração Pública de especiais poderes de autoridade que lhe permitem definir o Direito e executar as suas decisões de forma unilateral nas relações com os particulares, com a consequente sujeição daquela a um Direito especial – o Direito Administrativo – e a tribunais próprios, também administrativos. Neste sistema, e através principalmente do seu Direito Administrativo, confere-se um especial estatuto de poder ao agere da Administração Pública, que a favorece na sua relação com os particulares, designadamente permitindo-lhe impor unilateralmente as suas decisões sobre os particulares e proceder à sua consequente execução sem necessidade de qualquer intervenção habilitadora nesse sentido da parte dos tribunais. A este poder de autoridade, característico do nosso sistema de administração executiva, dá-se o nome de «privilégio da execução prévia», do francês «principe do préalable e privilège de l'exécution d'office».

Ora, pelo facto da Administração Pública portuguesa se integrar neste último sistema de administração executiva, há autores que optam por distinguir a este propósito um terceiro conceito de Administração Pública, com o objectivo de aí relevar, precisamente, o seu especial modus operandi.

Eis-nos, então, perante a **Administração Pública em sentido formal, que serve para expressar o modo de agir específico da Administração Pública em sentido orgânico caracterizado pelo uso de poderes de autoridade que lhe dão supremacia sobre os cidadãos no exercício da sua atividade de prossecução da satisfação das necessidades coletivas de segurança, cultura e bem-estar.** A autoridade reconhecida à Administração Pública traduz-se assim na possibilidade, que a lei lhe dá, de emitir injunções, ordens e comandos unilaterais sobre os cidadãos sob a forma de atos e regulamentos administrativos. **São assim estes atos e regulamentos que caracterizam e consubstanciam o nosso sistema de administração pública executiva.**

4. O Direito Administrativo e os atos de gestão pública

Nem toda a atividade desenvolvida pela nossa Administração Pública se traduz na prática de atos, contratos e regulamentos administrativos, em que o interesse e fim públicos estão presentes e se sobrelevam. Há casos em que esta pratica atos jurídicos como se fosse um mero particular, em que o interesse público não revela sobre o particular ou se encontra pura e simplesmente ausente. É, pois, a presença ou ausência de um interesse público relevante nos atos praticados pela Administração Pública que serve de critério para aferir se a sua atividade é de natureza pública ou privada. Assim, quando o Direito dá a primazia ao interesse público prosseguido pela Administração Pública sobre os interesses dos particulares, estamos perante uma atividade de gestão pública regida pelo Direito Administrativo, caracterizada pelo exercício de poderes de autoridade ou de jus imperii por parte daquela que permite, precisamente, impor e fazer prevalecer as respetivas decisões sobre os interesses particulares. Quando a Administração Pública age, pelo contrário, em pé de igualdade com os particulares é porque a lei considera diminuto ou irrelevante a presença aí de qualquer interesse público, pelo que sua atividade é então considerada de gestão privada, sujeita assim ao Direito Privado. Consequentemente, é o **Direito, e mais concretamente, o Direito Administrativo**, definido pelo Prof. Freitas do Amaral como **«o ramo do direito público constituído pelo sistema de normas jurídicas que regulam a organização e funcionamento da Administração Pública, bem como as relações por ela estabelecidas com outros sujeitos de direito no exercício da atividade administrativa de gestão pública»**, que determina, em última instância, quando é que a atividade desenvolvida pela sua Administração Pública deve ser considerada ou qualificada de gestão pública ou de gestão privada.

Resumindo e concluindo!

Sempre que a atividade da Administração Pública se traduza na prática de atos dotados de jus imperii em virtude da primazia dada ao interesse público aí presente relativamente aos demais interesses dos particulares, estamos perante **a atividade de gestão pública da Administração Pública sujeita ao Direito Administrativo.** Quando, pelo contrário, aquela atividade se faça sem o recurso a poderes de autoridade, por se entender que aí não existe razão para dar privilégio ao interesse público sobre os interesses dos particulares, temos então aquilo que se chama **a atividade de gestão privada da Administração Pública regida pelo Direito privado.**

Do que ficou dito anteriormente, verifica-se assim que no Direito Administrativo se regulam três realidades distintas:
   a) A atividade de gestão pública relacionada com a organização da Administração Pública;
   b) A atividade de gestão pública respeitante ao funcionamento daquela Administração Pública;
   c) A atividade de gestão pública ao nível do relacionamento da Administração Pública com os particulares, sempre que, é claro, nesse relacionamento preponderre o interesse público.

Dito isto sobre a atividade administrativa de gestão pública, falemos, então, de seguida da organização da nossa Administração Pública prevista e regulada no Direito Administrativo português.

5. A organização da Administração Pública portuguesa

A Administração Pública em sentido orgânico ou subjetivo tem hoje uma dimensão, complexidade e diversidade respeitáveis, abrangendo uma série de entidades públicas distintas que vão muito além do Estado. Isto é, a organização administrativa portuguesa abrange um conjunto importante de pessoas coletivas de direito público que importa referir pelo facto de, enquanto entidades jurídicas distintas entre si, poderem constituir e serem sujeitos de relações jurídicas autónomas com quem se relacionam, mormente com os próprios agentes ou trabalhadores que contratam com vista a assegurar o exercício da atividade dos respetivos órgãos e serviços.

Vejamos então as entidades públicas que constituem a nossa Administração Pública, começando desde logo pelas que exercem fins públicos múltiplos.

A) O Estado-Administração: é a maior e mais importante entidade pública que compõe a Administração Pública, ao ponto das suas realidades quase se confundirem entre si e serem tidas como sinónimas; trata-se, porém, de uma das entidades públicas, porventura a mais importante, que integra a Administração Pública portuguesa, podendo ser **definida como a pessoa coletiva de direito público de população e território que, no seio do respetivo país, desenvolve, sob a direcção do Governo, uma atividade administrativa múltipla destinada à satisfação das necessidades coletivas de segurança, cultura e bem-**

-estar de âmbito nacional; este Estado-Administração encontra-se organizado por Ministérios, Secretarias de Estado, e por vezes Subsecretarias de Estado, Direções-Gerais, Secretarias-Gerais, Inspeções-Gerais, Direções de Serviço e Divisões. O Governo é o órgão superior desta Administração Pública (artº 182º da CRP), cabendo-lhe, entre outras coisas, «dirigir os serviços e a atividade da administração directa do Estado, civil e militar, superintender na administração indireta e exercer a tutela sobre esta e sobre a administração autónoma» (artº 199º, al. d) da CRP). **A este propósito veja-se a Lei nº 4/2004, de 15 de janeiro, que estabelece os princípios e normas de organização da administração direta do Estado**, sucessivamente alterada pela Lei nº 51/2005, de 30 de agosto, pelo Dec. – Lei nº 200/2006, de 25 de outubro, pela Lei nº 105/2007, de 3 de abril, pela Lei nº 64-A/2008, de 31 de dezembro, pelo Dec. – Lei nº 116/2011, de 5 de fevereiro, pela Lei nº 57/2011, de 28 de novembro e pela Lei nº 64/2011, de 22 de dezembro.

B) As Autarquias Locais (arts. 235º e ss da CRP)**: são as pessoas coletivas públicas de população e território que, no âmbito de diversas circunscrições administrativas mais pequenas, como sejam os municípios e as freguesias, visam a satisfação das múltiplas necessidades coletivas das respetivas populações resultantes das suas relações de vizinhança, através de órgãos próprios por elas eleitos** (câmara e assembleia municipais e assembleia de freguesia). É aos órgãos Câmara Municipal (e, agora, ao seu presidente, na medida em que a lei lhe reconhece e atribui competências legais próprias – cf. artº 68º da Lei nº 169/99, de 18 de setembro, que estabelece o quadro de competências, assim como o regime jurídico de funcionamento, dos órgãos dos municípios e das freguesias, alterada pela Lei nº 5-A/2002, de 11 de janeiro, pela Lei nº 67/2007, de 31 de dezembro, pela Lei nº 1/2011, de 30 de novembro, e pela Lei nº 75/2013, de 12 de setembro) e Junta de Freguesia que compete prosseguir o poder executivo ou de administração da coisa pública local nos termos do disposto nos arts. 239º, 246º e 252º da CRP, na Lei nº 169/99, de 18 de setembro, e na Lei nº 159/99, de 14 de setembro, profusamente alterado, que estabelece o quadro de transferência de atribuições e competências para as autarquias locais.

C) As Regiões Autónomas dos Açores e da Madeira: emergem no nosso ordenamento jurídico-constitucional logo a seguir ao 25 de Abril

5. A ORGANIZAÇÃO DA ADMINISTRAÇÃO PÚBLICA PORTUGUESA

de 1974, com a Constituição de 1976, na sequência das fortes reivindicações de autonomia político-administrativa então manifestadas pelas respetivas populações; **tratam-se, assim, de pessoas coletivas de direito público de população e território que, sob a direção dos seus Governos Regionais, desenvolve uma atividade administrativa múltipla destinada à satisfação das necessidades coletivas de segurança, cultura e bem-estar das populações dos respetivos arquipélagos;** muito embora estas Regiões possuam autonomia política, caracterizada e traduzida pela titularidade de poder legislativo próprio por parte das respetivas assembleias legislativas regionais, é contudo a sua autonomia administrativa que releva e importa para a sua definição enquanto pessoas coletivas de direito público, isto é, enquanto administrações públicas regionais; neste contexto, é aos Governos Regionais que compete dirigir as respetivas administrações regionais, sendo mesmo da sua exclusiva competência regulamentar a matéria respeitante à sua organização e funcionamento (arts. 227º, al. o) e 231º, nº 6 da CRP); as administrações regionais encontram-se organizadas por Secretarias Regionais e, por vezes, Subsecretarias Regionais, Secretarias-Gerais, Direções Regionais, Inspeções Regionais, Direções de Serviço e Divisões.

Sempre que a atividade administrativa característica de cada uma destas entidades públicas for exercida diretamente por elas, no âmbito das suas atribuições e competências próprias, diz-se que se está perante a Administração Direta do Estado, das Autarquias ou das Regiões, respetivamente.

Para além destas entidades públicas que exercem atividade administrativa múltipla direta, em nome e por direito próprios, outras há que, criadas por aquelas, desenvolvem uma atividade administrativa destinada à realização indireta dos fins das suas entidades criadoras, sendo para esse efeito dotadas de personalidade jurídica e autonomia administrativa e financeira. A criação destas entidades ocorre assim na sequência de opção política tomada nesse sentido fundamentada, na grande maioria dos casos, na necessidade de agilizar e desburocratizar procedimentos administrativos que abreviem significativamente os períodos de tempo entre a tomada de decisão e a sua produção de efeitos. Qualquer uma das entidades públicas de fins múltiplos referidas anteriormente, Estado-

-Administração, Autarquias Locais ou Regiões Autónomas, dos Açores e da Madeira, pode legalmente criar e ter uma administração indireta. Surge-nos, assim, a figura da **Administração Pública indireta,** adjetivada do Estado, das Autarquias Locais ou mesmo das Regiões Autónomas, consoante a entidade pública que esteve na base da sua génese. Contudo, é a administração indireta do Estado que maior destaque merece pelo peso e dimensão que assume no seio da nossa Administração Pública.

Que entidades é que desenvolvem no nosso ordenamento jurídico esta atividade administrativa indireta do Estado, das Autarquias e das Regiões Autónomas?

O Prof. Dr. Diogo Freitas do Amaral, no seu «Curso de Direito Administrativo», 3ª Edição, Vol. I, Almedina, 2009, págs. 359 e ss, distingue e identifica no âmbito desta Administração Pública Indirecta as seguintes entidades:

1. Os Institutos Públicos – são as pessoas coletivas públicas, dotadas de personalidade jurídica e autonomia administrativa próprias, de natureza institucional (na medida em que assentam numa organização de caráter material e não sobre um agrupamento de pessoas), criadas (modificadas e extintas) por ato legislativo, com órgãos de gestão também próprios, «para assegurar o desempenho de determinadas funções administrativas de caráter não empresarial, pertencentes ao Estado ou a outra pessoa coletiva pública», ou seja, às Autarquias Locais ou às Regiões Autónomas, estando, por esse facto, sujeitos aos poderes de superintendência e de tutela destas suas entidades públicas criadoras. Enquanto o Estado, Regiões Autónomas e Autarquias Locais são pessoas coletivas públicas que prosseguem atribuições e fins genéricos próprios, os institutos públicos são já pessoas coletivas públicas caracterizadas pelo facto de prosseguirem atribuições e fins singulares específicos, concretos, determinados, fixados nas respetivas leis constitutivas, que pertencem originariamente àquelas entidades públicas. Realce-se, a finalizar, que estes institutos públicos são criados para exercerem atribuições e fins públicos de natureza administrativa, pelo que o seu regime jurídico de funcionamento é, em regra, de direito público, sendo-lhes assim vedado o exercício de quaisquer funções legis-

5. A ORGANIZAÇÃO DA ADMINISTRAÇÃO PÚBLICA PORTUGUESA

lativas ou judiciais de soberania ou de caráter privado. **A Lei nº 3/2004, de 15 de janeiro** (sucessivamente alterada pela Lei nº 51/2005, de 30 de agosto, pelo Dec. – Lei nº 200/2006, de 25 de outubro, pelo Dec. – Lei nº 105/2007, de 3 de abril, pela Lei nº 64-A/2008, de 31 de dezembro, pelo Dec. – Lei nº 40/2011, de 22 de março, pela Resolução da Assembleia da República nº 86/2011, de 11 de abril, pela Lei nº 57/2011, de 28 de novembro, pelo Dec. – Lei nº 5/2012, de 17 de janeiro, pelo Dec. – Lei nº 123/2012, de 20 de junho, pela Lei nº 24/2012, de 9 de julho, pela Lei nº 66-B/2012, de 31 de dezembro e pelo Dec. – Lei nº 102/2013, de 25 de julho), **aprovou a lei-quadro dos institutos públicos.**

O Prof. Dr. Freitas do Amaral autonomiza e distingue no seio desta Administração Pública indireta **três espécies de institutos públicos, a saber:**
a) **Os serviços personalizados** (do Estado, das Autarquias e das Regiões) – são os serviços públicos criados por lei, e por ela dotados de personalidade jurídica e de autonomia administrativa e financeira, «para assegurar o desempenho de determinadas funções administrativas de caráter não empresarial, pertencentes ao Estado ou a outra pessoa coletiva pública». Desta definição resulta uma sobreposição de conceitos entre estes serviços e os institutos públicos, ao ponto de se poder considerar como estando perante realidades sinónimas. Exemplos: Centros Regionais de Segurança Social, Instituto Nacional de Medicina Legal, Instituto de Meteorologia, Instituto Nacional de Estatística, Instituto do Emprego e da Formação Profissional, Laboratório Nacional de Engenharia Civil; etc.
b) **As fundações públicas** (do Estado, das Autarquias e das Regiões) – são as associações de base fundacional constituídas em torno e por causa de patrimónios consignados à realização de fins públicos especiais, relativamente às quais se reconhece e atribui personalidade jurídica e autonomia administrativa e financeira próprias, revestindo assim a natureza de pessoa coletiva pública. Exemplos: Fundo de Abastecimento, que deu lugar ao Instituto Nacional de Intervenção e Garantia Agrícola; etc. A Lei nº 24/2012, de 9 de julho, que aprova a lei-quadro das fundações, regula também estas fundações.

c) **Os estabelecimentos públicos**, entendidos como «institutos públicos de natureza cultural ou social, organizados como serviços abertos ao público, e destinados a efetuar prestações individuais à generalidade dos cidadãos que delas careçam». Exemplos: as Universidades públicas e, até há pouco tempo, os hospitais, antes da sua passagem a entidades públicas empresariais.

2. **As empresas públicas/entidades públicas empresariais – «são as organizações económicas de fim lucrativo, criadas e controladas por entidades jurídicas públicas».** Estas empresas têm o seu enquadramento jurídico definido no Dec. – Lei nº 133/2013, de 3 de outubro (alterado pela Lei nº 75-A/2014, de 30 de setembro), **que estabelece o novo regime jurídico do sector público empresarial**. De acordo com este diploma, para que estejamos perante uma empresa pública legalmente reconhecida basta que esta tenha a maioria (inicial) do capital público ou que o Estado, Regiões Autónomas ou Autarquias que a criou, possuam e exerçam direitos especiais de controlo sobre ela. Assim, consoante as entidades que lhes deram origem, podemos falar em empresas públicas estaduais, regionais e municipais. Quanto à sua forma jurídica, podemos distinguir entre empresas públicas sob a forma pública, que se constituem como verdadeiras e próprias pessoas coletivas públicas, e empresas públicas sob a forma privada, caso das sociedades comerciais formadas com capitais exclusivamente públicos (Diogo Freitas do Amaral, «Curso de Direito Administrativo», Volume I, Editora Almedina, Abril de 2002, págs. 392 e ss). Neste âmbito se situam as **empresas municipais previstas e reguladas na Lei nº 50/2012, de 31 de agosto** (alterada pela Lei nº 53/2014, de 25 de agosto), **que aprova o regime jurídico da atividade empresarial local e das participações locais**. Por força deste diploma os **serviços municipalizados** passaram a integrar o setor empresarial local, no âmbito da estrutura organizacional do município, sendo assim geridos de forma empresarial através de um conselho de administração próprio (arts. 8º, nº 2, 9º e 12º).

Por fim, temos a referir as **associações públicas, que por serem pessoas coletivas de direito público, de tipo associativo, destinadas à prossecução de determinados interesses públicos pertencentes a um grupo de pessoas que se organizam com um fim específico, não lucra-**

tivo, e que, por esse facto, definem «com independência a orientação das suas atividades, sem sujeição a hierarquia ou a superintendência do Governo», – tais como as associações públicas de entidades públicas (como as associações de freguesias, as comunidades intermunicipais, as áreas metropolitanas, as regiões de turismo), as associações públicas de entidades privadas (caso das ordens profissionais dos Médicos, dos Advogados, das Câmaras dos Solicitadores, dos Despachantes Oficiais e dos Revisores Oficiais de Contas, que constituem o paradigma destas associações públicas) e as associações públicas de carácter misto, – **não fazem parte da Administração indireta mas sim da chamada Administração Autónoma**. Daí a sua exclusão do elenco das entidades públicas que constituem a Administração indireta (Diogo Freitas do Amaral, «Curso de Direito Administrativo», Volume I, Editora Almedina, Abril de 2002, págs. 419 a 424). Sobre as associações públicas profissionais veja-se a Lei nº 2/2013, de 10 de janeiro.

6. A Administração Pública e a função pública

A Administração Pública que acabamos de descrever, na multiplicidade e variedade de entidades que a compõem, para funcionar corretamente carece, entre muitas outras coisas, de recursos humanos, isto é, de trabalhadores, de preferência qualificados, que dêem forma e execução à vontade coletiva daquela. Para os obter a Administração Pública tem de os recrutar e selecionar junto do mercado de trabalho da comunidade em que se insere e pretende servir para, depois, com eles constituir uma relação ou vínculo de emprego público, regulado e disciplinado por normas de direito público administrativo. Note-se, porém, que nem todas aquelas entidades que constituem a nossa Administração Pública podem constituir um vínculo de emprego público. Apenas o podem fazer os organismos e serviços que recaiam no âmbito de aplicação subjetiva previsto no artº 1º da Lei nº 35/2014, de 20 de junho, que aprovou a nova Lei do Trabalho em Funções Públicas, ou sejam:
- **Os «serviços da administração direta e indireta do Estado»**;
- **Os «serviços das administrações regionais e autárquicas»** (nº 2); e,
- **Os «órgãos e serviços de apoio do Presidente da República, da Assembleia da República, dos tribunais e do Ministério Público e respetivos órgãos de gestão e de outros órgãos independentes»**, com as necessárias «adaptações impostas pela observância das correspondentes competências» (nº 3).

De fora ficam assim os «gabinetes de apoio dos membros do Governo e dos titulares dos órgãos referidos nos nºs 2 e 3» do artº 1º as «entidades públicas empresariais» e as «entidades administrativas independentes com funções de regulação da atividade económica dos setores privado, público e cooperativo e Banco de Portugal» (artº 2º nº 1 da LTFP), bem como os militares das Forças Armadas, da Guarda Nacional Republicana e o pessoal com funções policiais da Polícia de Segurança Pública, «cujos regimes constam de lei especial, sem prejuízo do disposto nas alíneas a) e e) do nº 1 do artigo 8º e do respeito pelos» princípios enunciados neste preceito (artº 2º nº 2 da LTFP).

Temos, assim, que apenas aquelas primeiras entidades enunciadas anteriormente são empregadores públicos na medida em que só elas podem legalmente constituir «vínculos de emprego público nos termos da presente lei» (artº 25º, nº 1 da LTFP).

Ao conjunto de pessoas que prestam o seu trabalho de forma profissional e especializada àqueles empregadores públicos da Administração Pública, e que têm o seu vínculo de emprego público disciplinado por um regime jurídico próprio e específico de direito público administrativo, ou por normas do direito do trabalho mandadas aplicar por disposição expressa de normas daquele regime, dá-se o nome de Função Pública.

As relações de emprego no seio da Administração Pública constituem uma das áreas em que o Direito Administrativo marca presença regulamentadora, nomeadamente quando sujeita os respetivos trabalhadores a um ordenamento jurídico-laboral específico de natureza administrativo, o chamado Estatuto ou Direito da Função Pública, através do qual se fixa e regula o conjunto dos seus direitos, poderes e deveres.

Para o Prof. Marcello Caetano o estatuto da função pública não era mais do que «o conjunto das normas legais que define e regula os poderes e deveres correspondentes à qualidade de funcionário» (Manual de Direito Administrativo, 9º Edição, pág. 661). Porém, desde que se iniciou a última Reforma da Administração Pública com a publicação da Lei nº 12-A/2008, de 27 de fevereiro, sobre vínculos, carreiras e remunerações na função pública, e da Lei nº 59/2008, de 11 de setembro, que aprovou o regime do contrato de trabalho em funções públicas, até à publicação da nova Lei do Trabalho em Funções Públicas, que procedeu

à revogação expressa daqueles dois diplomas, substituindo-os, acentuou-
-se ainda mais a deriva do direito da função público para o âmbito do
Direito do Trabalho, deixando-se nomeadamente, numa primeira fase,
de fazer referência à figura de funcionário público para a substituir pelo
termo mais vago e genérico de trabalhador que exerce funções públicas
e importando-se e adotando-se, numa segunda fase, muitos conceitos e
institutos do Direito do Trabalho no próprio corpo de diploma da LTFP,
elegendo e transformando concomitantemente o próprio Código do
Trabalho em direito de aplicação subsidiária daquele regime. Assim, so-
mos hoje forçados a revisitar e a redefinir o **estatuto da função pública
como sendo o conjunto de normas legais de direito público e, agora,
também de Direito do Trabalho, estas aplicáveis por determinação
expressa daquelas primeiras normas (artº 4º da LTFP), que definem
e regulam os direitos, poderes e deveres, impedimentos e incompatibilidades dos trabalhadores que exercem funções públicas emergentes dos respetivos vínculos emprego público, bem como das demais
relações jurídicas com elas conexas, nomeadamente em matéria de
preenchimento e vacatura de postos de trabalho, de responsabilidade e proteção social.**

Foi a Constituição e a lei, na sequência das opções políticas anteriormente tomadas e do consequente exercício da função legislativa do Estado nesse sentido, que procederam à autonomização das relações de
trabalho na função pública, sujeitando-as assim a uma regulamentação
de natureza administrativa própria que as qualificava, e qualifica, como
**relações jurídicas de emprego público, agora rebatizadas de vínculos
de emprego público.** Pelo facto de prestarem os seus serviços a uma
entidade que prossegue a realização do interesse público, entendeu-
-se que estes trabalhadores se encontravam de algum modo associados
e investidos na prossecução daquele mesmo interesse público, pelo que
fazia assim todo o sentido em serem sujeitos a um ordenamento jurídico-
-laboral próprio que lhes reconhecesse a relevância das funções públicas
que desempenhavam e lhes atribuísse as devidas e consentâneas prer-
rogativas de autoridade. Trata-se, pois, de uma decorrência lógica do
**sistema administrativo romano-germânico, de administração exe-
cutiva, adotado pela nossa Administração Pública que continua,
apesar de tudo, ainda hoje a marcar o vínculo jurídico de emprego
público, autonomizando-o.**

É neste contexto que, em parte, deve ser visto o disposto no artº 165º, nº 1 al. t) da CRP, quando prescreve que a questão das bases do regime e âmbito da função pública é matéria da reserva relativa de competência legislativa da Assembleia da República, podendo contudo o Governo fazer aqui decretos-lei desde que estes se constituam como um desenvolvimento daquelas bases gerais, o mesmo sucedendo com as Regiões Autónomas no que concerne às populações dos respetivos arquipélagos, aqui porém através de decretos legislativos regionais (artº 198º, nº 1, al. c) e artº 227º, nº 1, al. c) da CRP). Tal preceito constitui de per si demonstração bastante da importância que o legislador constitucional reconhece e atribui à função desempenhada pela Administração Pública na satisfação das necessidades coletivas da respetiva comunidade (refira-se a este propósito que o artº 3º da LTFP definiu pela primeira vez no nosso ordenamento jurídico as matérias que integram as normas base definidoras do regime e âmbito do vínculo de emprego público). Essa importância reflete-se inclusivamente na consideração constitucional que é dada aos próprios trabalhadores da Administração Pública, mormente nos arts. 47º, 50º, 243º, nº 2, 266º, nº 2, 269º, nºs 1, 3 e 5 e 271º da CRP.

A sujeição dos trabalhadores da Administração Pública a um regime jurídico-laboral próprio tem sido, nos últimos tempos, matéria de profunda controvérsia quer na doutrina quer já mesmo no campo das opções de política legislativa. Uma corrente doutrinária defensora da privatização da função pública, que tem vindo progressivamente a afirmar-se nos últimos tempos, entende que o interesse e fim públicos prosseguidos pela Administração Pública não justificam de per si a sujeição dos respetivos trabalhadores a um ordenamento jurídico-laboral próprio. Bem pelo contrário! Defendem que, enquanto *meros* trabalhadores, deviam estar sujeitos apenas às regras do Código do Trabalho, como qualquer normal trabalhador, não sendo a sua ligação ao interesse e fim públicos prosseguidos pela entidade empregadora público entendida como fator suficientemente determinante para justificar a sua sujeição a um direito da função pública. Isto é, o facto da Administração Pública defender o interesse público e prosseguir a realização de um fim também público não é, para os defensores desta corrente de pensamento, razão suficiente para justificar a autonomização de um regime jurídico-laboral específico para os respetivos trabalhadores por se entender que não existem grandes

6. A ADMINISTRAÇÃO PÚBLICA E A FUNÇÃO PÚBLICA

diferenças entre o trabalho que é pedido a estes e aquele que é pedido a um qualquer trabalhador do setor privado. A Lei nº 23/2004, de 22 de junho, que aprovou o regime jurídico do contrato individual de trabalho da Administração Pública, constituiu a primeira grande *conquista* legislativa desta corrente doutrinária. Porém, com a discussão e aprovação da Lei nº 12-A/2008, de 27 de fevereiro, que estabeleceu o regime de vínculos, carreiras e remunerações dos trabalhadores que exercem funções públicas, e, principalmente, da Lei nº 59/2008, de 11 de setembro, que aprovou o regime de contrato de trabalho em funções públicas, até à publicação da LTFP, caminhou-se para uma situação ecléctica de compromisso com aquela forma última de pensar e conceber a função pública. Assim, cedendo ao peso da tradição da relevância do interesse e fim públicos presentes na Administração Pública, e à conceção que os mesmos não se deixam de fazer sentir e projetar sobre os respetivos trabalhadores, nomeadamente quando os investe no exercício de poderes de autoridade, o legislador entendeu por bem manter os respetivas vínculos de emprego no âmbito específico do Direito Administrativo. Ao fazê-lo, o nosso legislador não deixou porém de reconhecer que estas relações de trabalho continuavam a ser aquilo que intrinsecamente eram, ou seja, relações jurídicas de emprego privado enquadráveis no âmbito do Direito do Trabalho e previstas no respectivo Código. Daí a importação de partes importantes do regime jurídico privatístico do Direito do Trabalho, como sejam as figuras do contrato de trabalho, rebatizado de funções públicas, e da negociação coletiva, para o regime jurídico da função pública constante da LTFP, e a eleição e transformação do próprio Código do Trabalho em direito de aplicação subsidiária daquele regime (artº 4º da LTFP).

Resumindo e concluindo, na sequência da última Reforma da Administração Pública, **todas as relações laborais constituídas no âmbito da Administração Pública continuam a manter hoje a sua natureza administrativa específica e autónoma, embora mitigada. É, assim, ao Direito da Função Pública que cabe regular e disciplinar, diretamente ou por remissão da LTFP para o Código do Trabalho, as relações ou vínculos de emprego público constituídas no seio da nossa Administração Pública.** Contudo, fruto de uma diferente graduação da intensidade do interesse e fim públicos presentes naquelas relações, o legislador entendeu por bem distingui-las entre si consoante delas resultasse o exercício ou não de funções de autoridade e soberania. Assim, no caso daqueles vínculos de emprego público, pelo relevância excepcional do interesse e fim públicos aí presentes, implicarem o exercício de funções de autoridade e soberania, a sua constituição opera-se através de nomeação. Caso contrário, basta apenas o recurso ao contrato de trabalho em funções públicas (arts. 6º, 7º e 8º da LTFP).

Todos aqueles que trabalham para a Administração Pública exercem de certo modo a função pública, na medida em que se encontram vinculados à prossecução da sua atividade de satisfação regular e contínua das necessidades coletivas e, assim, afetos à realização do respetivo interesse e fim públicos. Contudo, enquanto alguns prestam hoje aquela atividade sujeitos a um estatuto laboral reforçado de direito público, que resulta do facto da respetivo vínculo de emprego público se constituir por nomeação em virtude de estarmos aí em presença do exercício de poderes de autoridade e soberania, outros há que, por exercerem funções eminentemente técnicas que não envolvem a prática de quaisquer actos de jus imperii, o fazem à sombra também do direito da função pública, mas já no âmbito do contrato de trabalho em funções públicas.

Quando no artº 269º da Constituição se reconhece e afirma que todos os trabalhadores da Administração Pública, no exercício das suas funções, se «encontram exclusivamente ao serviço do interesse público, tal como é definido, nos termos da lei, pelos órgãos competentes da Administração» (nº 1); quando se prescreve que «os órgãos e agentes administrativos estão subordinados à Constituição e à lei, e devem atuar, no exercício das suas funções, com respeito pelos princípios da igualdade, da proporcionalidade, da justiça, da imparcialidade e da boa-fé» (artº 266º, nº 2 da CRP); quando se proíbe a acumulação de empregos e cargos públicos e determina as incompatibilidades entre o exercício daqueles empregos e cargos públicos e o de outras atividades por parte daqueles trabalhadores (artº 269º, nº 3 e 5); quando no artº 271º da CRP se fala em *funcionários e agentes* para aí propositadamente prescrever que eles «são responsáveis civil, criminal e disciplinarmente pelas ações e omissões praticadas no exercício das suas funções e por causa desse exercício de que resulte violação dos direitos ou interesses legalmente protegidos dos cidadãos» (nº 1); quando ainda, a propósito do pessoal das autarquias locais, se diz que «é aplicável aos *funcionários e agentes* da administração local o regime dos *funcionários e agentes* do Estado, com as adaptações necessárias, nos termos da lei» (artº 243º, nº 2 da CRP); quando, por fim, se fixa o direito e a liberdade de acesso à função pública e aos cargos públicos (arts. 47º e 50º da CRP); acaba por ser a própria Constituição a reconhecer e a determinar a necessidade dos trabalhadores da Administração Pública se sujeitarem a um regime jurídico-laboral especial em atenção ao facto de eles se encontrarem afetos à prossecução do interesse e fim públicos.

7. Os elementos constitutivos da relação jurídica. A relação ou vínculo jurídico de emprego público

Conforme tivemos oportunidade de referir anteriormente, o Direito existe para disciplinar as relações entre os membros de uma determinada comunidade, isto é, as relações sociais. A estas relações disciplinadas e garantidas pelo Direito chamam-se relações jurídicas. Por o nosso direito e, principalmente, o nosso Código Civil se encontrar estruturado e sistematizado em torno da figura da relação jurídica, não obstante a adoção do conceito de vínculo de emprego público operada pela LTFP (arts. 1º, nº 1 e 6º, nºs 2 e 3), a ela nos continuaremos a ater na nossa exposição, não só por a considerar suficientemente amadurecida pela doutrina e tradição jurídicas e firmemente fixada pela lei positiva que constitui o nosso ordenamento jurídico, como também por ela se prestar a uma melhor compreensão da realidade sobre a qual o direito se debruça.

A doutrina e a sistematização usada no nosso Código Civil identificam quatro elementos essenciais constitutivos de uma relação jurídica, a saber:

1. Sujeito – uma relação pressupõe, primeiro do que tudo e necessariamente a existência de sujeitos, o sujeito activo e o sujeito passivo, entre os quais se estabelece um conjunto ou feixe de direitos e deveres específico dessa relação. Podem ser mais do que dois sujeitos, mas a existência de dois é indispensável para se poder falar de uma tal relação. Exemplo:

numa relação laboral ou de trabalho temos o patrão como sujeito ativo, na medida em que é detentor da iniciativa de contratar e do consequente poder disciplinar, e o trabalhador, como sujeito passivo, a quem assiste aqui uma posição de obediência, subalterna portanto, em relação àquele; contudo, quer um quer outro possuem um conjunto de direitos e deveres previstos na lei que podem opor entre si, mitigando assim as suas posições, ativa e passiva, na referida relação jurídica de emprego.

2. Objeto – uma relação jurídica importa também a existência de um objecto, isto é, de uma realidade ou coisa sobre a qual recai o poder do sujeito ativo. Pegando no exemplo anterior, naquela relação de emprego o seu objeto consistirá na obrigação da prestação do trabalho por parte do sujeito passivo, ou seja do trabalhador, ao patrão que o contratou, e na sujeição deste ao dever de lhe pagar o trabalho assim prestado.

3. Facto – para que surja uma relação jurídica é preciso que ocorra um qualquer acontecimento natural ou humano que lhe dê azo, isto é, para que haja uma relação de trabalho é necessário que se dê um facto de cuja verificação a lei faça depender um determinado efeito jurídico, como seja, por exemplo, a celebração de um contrato de trabalho. Temos assim aqui, neste contrato, o facto que se assume como um elemento formativo ou constitutivo da relação jurídica. Mas o facto surge também como elemento modificativo e extintivo daquela relação jurídica.

4. Garantia – por último, temos a garantia que não é mais do que a suscetibilidade dada pela ordem jurídica de poder intervir pela força na proteção dos interesses juridicamente tutelados de cada uma das partes da relação jurídica em caso de incumprimento ou violação. Se, por hipótese, naquela relação de trabalho, o patrão não pagar o vencimento a que o trabalhador tem direito, este pode recorrer aos tribunais para forçar aquele a cumprir o seu dever de remunerá-lo. A jurisdicidade das normas de direito advém assim desta proteção coativa assegurada pela ordem jurídica através não só dos tribunais, como também por via da possibilidade do recurso à força policial e mesmo militar.

A relação jurídica de trabalho é uma modalidade desta relação jurídica que se pode definir como sendo aquela relação que se constitui entre

7. OS ELEMENTOS CONSTITUTIVOS DA RELAÇÃO JURÍDICA

duas pessoas com vista à prestação de trabalho por parte de uma delas, o trabalhador, como contrapartida pela remuneração e outras vantagens prestadas pela outra parte, a entidade empregadora. Esta relação jurídica de emprego assume, por sua vez, duas modalidades, a saber, a relação jurídica de emprego privado, prevista e regulada no Código do Trabalho, e a relação jurídica de emprego público, que é disciplinada, como vimos, por normas próprias de direito público administrativo, isto é, pelo Direito da Função Pública, que a qualifica e autonomiza como **relação ou vínculo jurídico de emprego público.**

A **relação ou vínculo jurídico de emprego público é,** assim, uma relação complexa, na medida em que dela resulta uma pluralidade de direitos e deveres para cada uma das partes, **caracterizada pela especificidade dos seus elementos constitutivos, a saber:**
   a) **Sujeitos** – um dos seus sujeitos tem de ser sempre uma pessoa coletiva de direito público, apta a constituir vínculos de emprego público, isto é, um empregador público nos termos do artº 25º, nº 1 da LTFP, que ocupa uma posição dominante pelo interesse público que prossegue, sendo o outro sujeito uma pessoa singular, o trabalhador;
   b) **Objeto** – visa-se com a constituição da relação jurídica de emprego público a obtenção de um certo trabalho para a Administração Pública, dando esta uma remuneração e uns tantos direitos mais como contrapartida pelos serviços prestados pelo respetivo trabalhador;
   c) **Facto jurídico** – esta relação jurídica de emprego público caracteriza-se por se constituir, modificar e extinguir apenas por via dos factos previstos nesse sentido em normas próprias de direito administrativo, a saber, na LTFP; e, por último,
   d) **Garantia** – por os conflitos de interesses surgidos no seio destas relações serem tutelados, disciplinados e dirimidos por um direito público administrativo e por órgãos judiciais próprios, os tribunais administrativos, em atenção à supremacia dada ao interesse público prosseguido pela Administração Pública (artº 12º da LTFP).

Pelo exposto, podemos assim definir a **relação ou vínculo jurídico de emprego público** como sendo a relação de trabalho celebrada entre uma pessoa coletiva de direito público apta a constituir um vínculo de emprego público nos termos do artº 25 da LTFP, que adquire assim a qualidade de empregador público, e um trabalhador, através da qual este recebe uma contrapartida económica e social pelo serviço prestado àquela empregador, disciplinada pelo direito público administrativo e por normas de direito do trabalho para as quais aquele expressamente remete, reconhecendo-se e atribuindo-se ao empregador público uma posição de sujeito dominante da relação em virtude do interesse público por ele prosseguido.

A LTFP constitui hoje o normativo de direito público que prevê e regula o vínculo jurídico de emprego público.

Antes, porém, de passarmos a analisar e a enunciar o conjunto de direitos e deveres dos trabalhadores decorrentes diretamente do vínculo emprego público que constituem com a Administração Pública enquanto empregador público, importa salientar e referir que aqueles trabalhadores estão sujeitos ainda a um outro universo de direitos e deveres que resultam, já não tanto daquele vínculo, mas sim duma série de princípios constitucionais e legais que enquadram e caraterizam a organização e funcionamento da nossa Administração Pública. Vejamo-los, pois!

8. Os princípios constitucionais sobre a organização e funcionamento da Administração Pública

A Administração Pública portuguesa, pela sua natureza e importância dos fins que prossegue, pela diversidade de entidades ou sujeitos de direito público que abarca, pelos meios financeiros, técnicos e materiais que mobiliza, e pela dimensão dos recursos humanos que emprega, está sujeita a uma importante, vasta, complexa e minuciosa disciplina jurídica que abarca até normas de direito constitucional.

A CRP contem uma série de princípios e normas balizadoras e caracterizadoras da organização e funcionamento da nossa Administração Pública, bem como do seu relacionamento com os particulares, que acabam por se projetar sobre a esfera jurídica dos cidadãos e dos próprios trabalhadores da função pública, conferindo-lhes uma série de direitos e deveres, que importa desde logo referir. Vejamo-los!

A) – O Princípio da legalidade.

O artº 3º, nº 3 da CRP prescreve que «**A validade das leis e dos demais atos do Estado, das regiões autónomas, do poder local e de quaisquer outras entidades públicas depende da sua conformidade com a Constituição**».

Este preceito entronca com outro constante do artº 266º, nº 2 da CRP, em que se preceitua que «**Os órgãos e agentes administrativos estão subordinados à Constituição e à lei e devem actuar, no exercício das** suas funções, com respeito pelos princípios da igualdade, da proporcionalidade, da justiça, da imparcialidade e da boa-fé».

Nestas normas encontram-se consagrados, pois, **os princípios da constitucionalidade e da legalidade**, que se complementam, fundem e se traduzem numa coisa muito simples: **na subordinação da Administração Pública ao Direito.**

Da submissão da Administração Pública ao império da lei ou do Direito, isto é, ao princípio da legalidade, resulta o seguinte:
a) Que toda a atividade administrativa está sujeita ou subordinada à lei;
b) Que essa atividade administrativa tem uma natureza jurídica na medida em que da sua subordinação à lei resulta que ela seja geradora de direitos e deveres, quer para a Administração Pública, quer para com aqueles que com ela se relacionam, trabalhadores incluídos;
c) Que a lei reconhece e atribui aos particulares, logo aos trabalhadores da função pública, as devidas e necessárias garantias destinadas a assegurar que a Administração Pública respeita e cumpre com o princípio da legalidade a que se encontra vinculado, sujeitando pois a atividade desta ao controlo e julgamento dos tribunais administrativos.

A este propósito não resistimos a transcrever aqui as anotações feitas a este artigo 266º da CRP na obra **«Constituição da República Portuguesa, Anotada»**, *da responsabilidade dos Professores Gomes Canotilho e Vital Moreira. Ei-las!*

«IV. Princípio tradicional do Estado de direito é o da subordinação da administração à lei (nº 2). Teoricamente, **o princípio da legalidade analisa-se em duas dimensões fundamentais: (a) princípio da legalidade negativa** *da administração, expresso através do* **princípio da prevalência de lei, (b) princípio da legalidade positiva** *da administração, traduzido no* **princípio da precedência de lei.**

O primeiro destes princípios tem um significado claro, válido para todas as administrações (central, regional e local, direta e indireta, coativa ou prestadora): os actos da administração, inclusive os normativos (regulamentos), devem conformar-se com as leis, sob pena de ilegalidade. Já não é tão inequívoco o sentido do segundo princípio, pois, significando ele, em geral, que a Administração só pode atuar com base na lei ou mediante autorização da lei, é controvertido se ele vale

8. OS PRINCÍPIOS CONSTITUCIONAIS SOBRE A ORGANIZAÇÃO E FUNCIONAMENTO DA AP

em igual medida e com igual intensidade para a «administração coativa» e para a «administração de prestações» (...).

No fundo, o princípio da legalidade aponta para um princípio de âmbito mais abrangente: o princípio da juridicidade da administração, pois todo o direito – todas as regras e princípios da ordem jurídico-constitucional portuguesa – serve de fundamento e é pressuposto da atividade da Administração» (3ª edição revista, Coimbra Editora, 1993, págs. 922 e 923).

Do que ficou atrás dito resulta que a Administração Pública só pode fazer aquilo que a lei lhe reconhecer e conferir a título de atribuições e competências. Se inexistir norma legal que expressamente diga à Administração Pública o que lhe compete fazer, então a conclusão que se impõe retirar é que esta não possui aí qualquer poder para atuar. As competências têm de vir expressas na lei, não se presumindo pois. Eis a conclusão prática a retirar daquilo que atrás ficou dito.

Gomes Canotilho e Vital Moreira chegam, a este propósito, mesmo a afirmar que «a conceção constitucional democrática é em princípio adversa à isenção legal da Administração, reclamando uma necessária referência legislativa da atividade administrativa», concluindo pois no sentido de que, tendo por base o disposto no atual artº 112º da CRP, não é «admissível a existência de atividade administrativa diretamente vinculada à Constituição, sem passar pela mediação de uma lei» (in obra já citada, pág. 923).

Mesmo naquelas situações em que a lei admite a existência de algum poder discricionário por parte de determinado órgão da Administração Pública este poder, para além de não abranger os aspectos da competência e fim, que são sempre vinculados, encontra-se também cerceado por aquela mesma lei na medida em que esta «não contemporiza com qualquer escolha que respeite o seu fim, antes deliberadamente pretende e espera que seja procurada e perfilhada aquela – escolha – que, ponderados todos os factos e as circunstâncias que apenas in concreto podem ser descobertos, e observados os imperativos que decorrem dos princípios da proporcionalidade, da igualdade, da boa-fé e da imparcialidade, o órgão administrativo tiver por ajustada» (Diogo Freitas do Amaral, «Curso de Direito Administrativo», Volume II, Editora Almedina, abril de 2002, págs. 81, 92 e 93). Como bem salienta Freitas do Amaral, os únicos aspectos em que, no seu entender, a atividade administrativista pode ser discricionária têm a ver com:

a) O momento da prática do ato;

b) *A decisão de praticar ou não um certo ato administrativo (mas aqui só quando a lei não for vinculativa quanto a este aspeto);*
c) *A determinação dos factos e interesses relevantes para a decisão;*
d) *A determinação do conteúdo concreto da decisão a tomar;*
e) *A forma a adotar para o ato administrativo;*
f) *As formalidades a observar na preparação ou na prática do ato administrativo;*
g) *A fundamentação ou não da decisão (a lei nem sempre impõe a fundamentação do ato administrativo – artº 152º do Código do Procedimento Administrativo – CPA, aprovado pela Dec. – Lei nº 4/2015, de 7 de janeiro);*
h) *A faculdade de apor, ou não, no ato administrativo condições, termos, modos e outras cláusulas acessórias (veja-se artº 149º do CPA).*

Temos assim que, por força deste princípio da legalidade, toda a atuação da Administração Pública, quer a exercida no âmbito dos seus poderes vinculados quer discricionários, se encontra subordinada ao Direito, constituindo este princípio o «fundamento, o critério e o limite de toda» a sua ação.

Do princípio da legalidade ou da subordinação da Administração ao Direito resulta a presunção de que toda a atividade administrativa é correta e conforme os cânones legais até prova em contrário. Logo todos os atos administrativos, tenham eles a forma de ordens, despachos, deliberações ou outra qualquer, **presumem-se legais, sendo-lhes assim devida obediência por parte dos seus destinatários, logo dos trabalhadores da Administração Pública. Como consequência deste princípio da legalidade, os trabalhadores da Administração Pública estão sujeitos ao dever de obediência a todas as ordens ou instruções administrativas desde que elas satisfaçam cumulativamente os seguintes requisitos:**

a) **Emanem de legítimo superior hierárquico; e,**
b) **Sejam dadas em matéria de serviço.**

No artº 271º, nº 1 da CRP determina-se, por seu turno, que **os trabalhadores da Administração Pública «são responsáveis civil, criminal e disciplinarmente pelas ações ou omissões praticadas no exercício das suas funções e por causa desse exercício de que resulte violação dos direitos ou interesses legalmente protegidos dos cidadãos (...)»**

(artº 271º da CRP). Assim, se o trabalhador se vir confrontado com ordens e instruções porventura ilegais, emanadas de legítimo superior hierárquico e em matéria de serviço, a elas continua a dever obediência. Contudo, fica isento ou excluído da responsabilidade pelas eventuais consequências nefastas resultantes do cumprimento de tais ordens ilegais, se «previamente delas tiver reclamado ou tiver exigido a sua transmissão ou confirmação por escrito» – artº 271º, nº 2 da CRP.

O dever de obediência cessa, porém, sempre que o cumprimento daquelas ordens ou instruções implicar a prática de um crime – artº 271º, nº 3 da CRP.

O princípio da legalidade encontra-se também contemplado no artº 3º do CPA.

Este princípio traduz-se, pois, na sujeição dos trabalhadores da Administração Pública ao dever de respeito e obediência à lei, previsto, respetivamente, nos artº 73º, nº 2, al. f) e 8 da LTFP (vd. artº 4º, al. a) do Estatuto dos Eleitos Locais, aprovado pela Lei nº 29/87, de 30 de junho, sucessivamente alterada).

B) – O Princípio da prossecução do interesse público e da proteção dos direitos e interesses dos cidadãos.

Aqui temos dois princípios enformadores da Administração Pública com consagração constitucional que, em virtude da sua complementaridade, se encontram estreitamente interligados, só fazendo assim sentido abordá-los e analisá-los em conjunto.

No artº 266º, nº 1 da CRP afirma-se que: **«A Administração Pública visa a prossecução do interesse público, no respeito pelos direitos e interesses legalmente protegidos dos cidadãos».**

Relacionados com este preceito constitucional estão outros dois que merecem referência imediata, a saber:

O artº 18º, nº 1 da CRP: **«Os preceitos constitucionais respeitantes aos direitos, liberdades e garantias são directamente aplicáveis e vinculam as entidades públicas e privadas».**

O artº 22º da CRP: «O Estado e as demais entidades públicas são civilmente responsáveis, em forma solidária com os titulares dos seus órgãos, funcionários ou agentes, por ações ou omissões praticadas no exercício das suas funções e por causa desse exercício, de que resulte violação dos direitos, liberdades e garantias ou prejuízo para outrem».

Quais são esses direitos, liberdades e garantias de natureza constitucional que a prossecução do interesse público não pode pôr em causa?
Ei-los!

I – No âmbito dos Direitos, Liberdades e Garantias Pessoais temos:
a) **O Direito à vida** (artº 24º da CRP);
b) **O Direito à integridade pessoal, moral e física** (artº 25º da CRP);
c) **O Direito à identidade pessoal, ao desenvolvimento da personalidade, à capacidade civil, à cidadania, ao bom-nome e reputação, à imagem, à palavra, à reserva da intimidade da vida privada e familiar e à proteção legal contra quaisquer formas de discriminação** (artº 26º da CRP);
d) **O Direito à liberdade e à segurança** (artº 27º da CRP; garantido através dos preceitos referentes à prisão preventiva – arts. 27º, nº 3, al. a) e 28º da CRP, à lei criminal – artº 29º da CRP, às penas e medidas de segurança – artº 30º da CRP, ao *habeas corpus* – artº 31º da CRP, ao processo criminal – artº 32º da CRP, e à extradição, expulsão e direito de asilo – artº 33º da CRP);
e) **O Direito à inviolabilidade do domicílio e da correspondência** (artº 34º da CRP);
f) **Os Direitos de defesa contra o tratamento informático de dados pessoais** (artº 35º da CRP);
g) **Os Direitos relativos à família, ao casamento e à filiação** (artº 36º da CRP);
h) **A Liberdade de expressão e de informação** (artº 37º da CRP);
i) **A Liberdade de imprensa e meios de comunicação social** (arts. 38º e 39º da CRP);
j) **A Liberdade de consciência, de religião e de culto** (artº 41º da CRP);

l) A Liberdade de criação cultural (art° 42° da CRP);
m) A Liberdade de aprender e ensinar (art° 43° da CRP);
n) O Direito de deslocação e de emigração (artº 44º da CRP);
o) O Direito de reunião e manifestação (artº 45º da CRP);
p) A Liberdade de associação (artº 46º da CRP);
q) O Direito de escolha de profissão e de acesso à função pública (artº 47º da CRP).

II – No que diz respeito aos Direitos, Liberdades e Garantias de Participação Política temos:
 a) Os Direitos de antena, de resposta e de réplica política (artº 40º da CRP);
 b) O Direito de participação na vida pública (artº 48º da CRP);
 c) O Direito de sufrágio (artº 49º da CRP);
 d) O Direito de acesso a cargos públicos (artº 50º da CRP);
 e) O Direito de constituir ou participar em associações e partidos políticos (artº 51º da CRP);
 f) O Direito de petição e direito de ação popular (artº 52º da CRP).

III – Quanto aos Direitos, Liberdades e Garantias dos Trabalhadores há a referir:
 a) O Direito à segurança no emprego (artº 53º da CRP);
 b) O Direito a criar comissões de trabalhadores (artº 54º da CRP);
 c) A Liberdade sindical (artº 55º da CRP);
 d) A Direito das associações sindicais (artº 56º da CRP);
 e) O Direito à greve (artº 57º da CRP).

IV – No campo dos Direitos e Deveres Económicos há a salientar:
 a) O Direito ao trabalho (artº 58º da CRP);
 b) Os Direitos dos trabalhadores à retribuição, à organização do trabalho em condições dignas, à prestação do trabalho em condições de higiene, segurança e saúde, ao subsídio de desemprego, ao repouso, etc. (artº 59º da CRP);
 c) Os Direitos dos consumidores (artº 60º da CRP);
 d) A Liberdade de iniciativa económica privada, de constituição de cooperativas e de autogestão (artº 61º da CRP);
 e) O Direito de propriedade privada (artº 62º da CRP).

V – No que toca aos Direitos e Deveres Sociais temos:
a) O Direito à segurança social e solidariedade (artº 63º da CRP);
b) O Direito à saúde (artº 64º da CRP);
c) O Direito à habitação (artº 65º da CRP);
d) O Direito ao ambiente e qualidade de vida (artº 66º da CRP);
e) O Direito da família à proteção da sociedade e do Estado (artº 67º da CRP);
f) O Direito dos pais e das mães à proteção da sociedade e do Estado (artº 68º da CRP);
g) O Direito das crianças à proteção da sociedade e do Estado (artº 69º da CRP);
h) Os Direitos económicos, sociais e culturais dos jovens (artº 70º da CRP);
i) Os Direitos dos cidadãos portadores de deficiência (artº 71º da CRP);
j) Os Direitos económicos, sociais e culturais dos idosos (artº 72º da CRP).

VI – Por último, no âmbito dos Direitos e Deveres Culturais temos:
a) O Direito à educação, cultura e ciência (artº 73º da CRP);
b) O Direito ao ensino (arts. 74º a 76º da CRP);
c) O Direito de participar na gestão das escolas (artº 77º da CRP);
d) O Direito à fruição e criação cultural (artº 78º da CRP);
e) O Direito à cultura física e desporto (artº 79º da CRP).

O princípio da prossecução do interesse público, também previsto no artº 4º do CPA, implica que a Administração Pública, através dos seus órgãos, serviços e agentes, se encontra exclusivamente vinculada a prosseguir uma finalidade de interesse público, devendo esta ser apenas aquela que vier a ser considerada como tal pela lei. Porém, a prossecução daquela finalidade não pode nem deve ser feita à custa ou com o prejuízo injustificado dos direitos e interesses legítimos dos particulares (sejam eles direitos subjetivos ou outros).

A consequência prática deste princípio para os trabalhadores da Administração Pública traduz-se, assim, no facto de, «no exercício das suas funções», eles terem o dever de estar «exclusivamente ao

serviço do interesse público, tal como é definido, nos termos da lei, pelos órgãos competentes da Administração» (artº 269º, nº 1 da CRP). Caso prossigam outro interesse que não o público, como seja o particular, por exemplo, aqueles trabalhadores podem incorrer em responsabilidade civil, criminal e disciplinar de acordo com o que se prevê e dispõe no artº 271º, nº 1 da CRP.

A violação deste dever é suscetível de sanção de acordo com o previsto no artº 73º, nºs 2, al. a) e 3 da LTFP (vd. artº 4º, al. b) do Estatuto dos Eleitos Locais).

A este propósito refira-se que o Código Penal (CP), aprovado pelo Dec. - Lei nº 400/82, de 23 de setembro, revisto e republicado pelo Dec. - Lei nº 45/98, de 15 de março, e, depois disso, profusamente alterado, contém no seu Livro II, Título V, um Capítulo IV dedicado aos *crimes cometidos no exercício de funções públicas* (arts. 372º a 386º), cuja prática importa a condição de trabalhador da Administração Pública. Aqui se encontram tipificadas as seguintes infracções criminais:
a) Corrupção passiva para ato ilícito (artº 372º);
b) Corrupção passiva para ato lícito (artº 373º);
c) Corrupção ativa (artº 374º);
d) Peculato (artº 375º);
e) Peculato de uso (artº 376º);
f) Participação económica em negócio (artº 377º);
g) Violação de domicílio por funcionário (artº 378º);
h) Concussão (artº 379º);
i) Emprego de força pública contra a execução da lei ou de ordem legítima (artº 380º);
j) Recusa de cooperação (artº 381º);
l) Abuso do poder (artº 382º);
m) Violação de segredo por funcionário (artº 383º);
n) Violação de segredo de correspondência ou de telecomunicações (artº 384º);
o) Abandono de funções (artº 385º).

O artº 386º, nº 1 do CP, por fim, dá-nos, sob a designação ainda de funcionário (termo que parece ter sido definitivamente abandonado pelo legislador ordinário na sequência da última reforma da Administração

Pública), um conceito amplo de trabalhador para efeito da lei penal, mais vasto do que aquele que vem previsto e definido actualmente na LTFP, que abrange não só o trabalhador que exerce funções públicas, nomeado, com contrato de trabalho em funções públicas ou em regime de comissão de serviço, como também «quem, mesmo provisório ou temporariamente, mediante remuneração ou a título gratuito, voluntária ou obrigatoriamente, tiver sido chamado a desempenhar ou a participar no desempenho de uma atividade compreendida na função pública administrativa ou jurisdicional, ou, nas mesmas circunstâncias, desempenhar funções em organismos de utilidade pública ou nelas participar» (al. c)).

O trabalhador da Administração Pública, para além de se encontrar obrigado a prosseguir apenas e somente o interesse público, na sua função pública, **deve ainda respeitar simultaneamente os direitos subjetivos e os interesses legalmente protegidos dos particulares, sejam eles cidadãos, estrangeiros ou empresas.**

Como bem salienta Freitas do Amaral, na sua obra anteriormente citada, é aqui que se encontra retratada «a essência do Direito Administrativo, que se caracteriza pela necessidade permanente de conciliar as exigências do interesse público com as garantias dos particulares». «Hoje,» – afirma ele, «não basta o escrupuloso cumprimento da lei por parte da Administração Pública para que simultaneamente se verifique o respeito integral dos direitos subjetivos e dos interesses legalmente protegidos dos particulares. (...) Mecanismos jurídicos – para além do princípio da legalidade – foram sendo concebidos e postos em prática, a fim de conferir uma proteção autónoma aos direitos subjetivos e aos interesses legalmente protegidos dos particulares, para além dos casos em que a violação da legalidade ofende simultaneamente esses direitos e interesses» (pág. 62).

Por outras palavras, **mesmo que estejamos perante ordens e instruções, isto é, atos administrativos legais, a ordem jurídica portuguesa reconhece e atribui aos particulares mecanismos de proteção jurídica contra aqueles atos legais a partir do momento em que eles afetem, prejudicando ou não respeitando, os direitos e interesses legalmente protegidos dos cidadãos** (arts. 266º, nº 1 e 271º, nº 1 da CRP).

«Vê-se, assim» – concluía Freitas do Amaral, «que o princípio do respeito pelos direitos subjetivos e interesses legalmente protegidos dos particulares limita e subordina a Administração Pública muito para além da limitação que para ela constitui o princípio da legalidade» (págs. 62 a 64 da sua obra).

C) – O Princípio da igualdade.

Consagrado no artº 266º, nº 2 da CRP, trata-se, como bem salientam Gomes Canotilho e Vital Moreira na sua «Constituição da República Portuguesa – Anotada», de um princípio estruturante do nosso Estado de direito democrático e social dado que:

«*(a) impõe a igualdade na aplicação do direito»*, com a consequente *proibição do arbítrio*, «exigindo um tratamento igual de situações de facto iguais e um tratamento diverso de situações de facto diferentes»;

«*(b) garante a igualdade de participação na vida política da coletividade e de acesso aos cargos públicos e funções políticas»*, decorrendo aqui a *«proibição de discriminação*, não sendo legítimas quaisquer diferenciações de tratamento entre os cidadãos baseadas em categorias meramente subjetivas ou em razão dessas categorias»;

«*(c)exige a eliminação de desigualdades de facto para se assegurar uma igualdade material no plano económico, social e cultural»*, o que determina uma *«obrigação de diferenciação*, como forma de compensar a desigualdade de oportunidades, o que pressupõe a eliminação, pelos poderes públicos, de desigualdades fáticas de natureza social, económica e cultural» (obra citada, 3ª edição revista, Coimbra Editora, 1993, págs. 124 a 128).

Este princípio traduz-se na imposição aos órgãos e agentes, entenda-se trabalhadores, da Administração Pública **do dever de atuar, no exercício das suas funções, de modo a que «ninguém possa ser privilegiado, beneficiado, prejudicado, privado de qualquer direito ou isento de qualquer dever em razão de ascendência, sexo, raça, língua, território de origem, religião, convicções políticas ou ideológicas, instrução, situação económica ou condição social»** (artº 13º, nº 2 da CRP e artº 6º do CPA).

O princípio da igualdade constitui, enquanto princípio geral da ação administrativa, um corolário do próprio princípio da legalidade, **assumindo assim particular importância no âmbito do exercício de poderes discricionários por parte da Administração Pública na medida em que acaba por funcionar aí como limite a esses mesmos poderes.** No caso de estarmos perante um poder vinculado, os atos administrativos são legais ou ilegais, não fazendo aqui sentido falar de um direito à igualdade na ilegalidade (Acórdão do Supremo Tribunal Administrativo – STA, de 19 de outubro de 1995, Acórdãos Doutrinais – AD, nº 413, pág. 413 e ss.).

Os atos praticados pela Administração Pública com a preterição ou violação deste princípio são pois ilegais na medida em que enfermam do *vício de violação de lei.*

No que toca aos trabalhadores que exercem funções públicas, sejam eles nomeados, contratados ou em comissão de serviço (vd. artº 73º nº 5 da LTFP), **o princípio da igualdade encontra-se atualmente comtemplado em vários preceitos da LTFP.** Aí se pode ver a concretização deste princípio através da consagração do **direito à igualdade no acesso ao emprego e no trabalho**, nomeadamente nas áreas da formação e promoção profissionais e das condições de trabalho, **da proibição da discriminação e do assédio a candidato a emprego e a trabalhador, cuja violação lhe pode conferir o direito a uma indemnização, por danos patrimoniais e não patrimoniais, nos termos da lei, do direito à igualdade no acesso ao emprego e no trabalho em relação ao trabalhador com deficiência ou doença crónica ou aos trabalhadores estrangeiros e apátridas e aos teletrabalhadores.**

D) – O Princípio da proporcionalidade.

Previsto nos arts. 18º, nº 2, 19º, nº 4 e 272º, nº 2 da CRP, é contudo no seu artº 266º, nº 2, que vem enunciado como princípio informador e enformador, tal como os outros já referidos, de toda a atividade administrativa, significando fundamentalmente que a Administração Pública, no exercício dos seus poderes discricionários, deve desenvolver os respetivos fins legais de prossecução do interesse público adotando as medidas estritamente necessárias e que se afigurarem as mais ajustadas à realização daquele interesse público.

O Prof. Freitas do Amaral define-nos **«a proporcionalidade» como sendo «o princípio segundo o qual a limitação de bens ou interesses privados por atos dos poderes públicos deve ser adequada e necessária aos fins concretos que tais atos prosseguem, bem como tolerável quando confrontada com aqueles fins»**, para logo de seguida nos chamar atenção para o fato desta sua definição evidenciar as três dimensões essenciais do princípio, a saber:
a) A adequação, significando «que a medida tomada deve ser causalmente ajustada ao fim que se propõe atingir» (meio adequado ao objetivo a realizar);
b) A necessidade, no sentido que «a medida administrativa deve ser, dentro do universo das abstratamente idóneos, a que lese em menor medida os direitos e interesses dos particulares»;
c) A do equilíbrio, «que exige que os benefícios que se esperam alcançar com uma medida administrativa *adequada* e *necessária* suplantem, à luz de certos parâmetros materiais, os custos que ela por certo acarretará».

Concluía afirmando que «se uma medida concreta não for simultaneamente adequada, necessária e equilibrada ao fim em vista com a sua adoção, ela será ilegal por desrespeito do princípio da proporcionalidade» (obra já citada, Vol. II, pág. 129).

Veja-se o disposto no artº 7º, nº 2 do CPA.

Deste princípio não decorre nenhum dever especial para os trabalhadores, antes diluindo-se o mesmo naquilo que constitui o dever geral dos trabalhadores de agir no sentido de criar no público confiança na ação da Administração Pública, dever que deixou de vir como tal previsto na LTFP.

E) – O Princípio da justiça (e da razoabilidade).

Contemplado no artº 266º, nº 2 da CRP e no artº 8º do CPA **este princípio significa tão só e apenas que a Administração Pública e os seus agentes, no exercício da sua atividade, estão sujeitas ao dever de tra-**

tar não só de forma justa todos os que com ela entrem em relação como também razoável, conceito algo vago e abstrato acrescentado pelo novo CPA (vd. por curiosidade o artº 4º, 1), al. c) do Estatuto dos Eleitos Locais).

Trata-se de um princípio compósito na medida em que nele se encontram associados e se fundem os valores jurídicos da igualdade, da proporcionalidade, da boa-fé, da razoabilidade e da própria equidade.

Este princípio traduz-se na garantia constitucional dada a todos de acesso ao direito e à tutela jurisdicional efetiva e na instituição da figura do Provedor de Justiça (arts. 20º, 23º e 202º e ss. da CRP). Mais concretamente, dispõe o artº 268º, nº 4 da CRP que: «É garantido aos administrados tutela jurisdicional efetiva dos seus direitos ou interesses legalmente protegidos, incluindo, nomeadamente, o reconhecimento desses direitos ou interesses, a impugnação de quaisquer atos administrativos que os lesem, independentemente da sua forma, a determinação da prática de atos administrativos legalmente devidos e a adoção de medidas cautelares adequadas».

F) – O Princípio da imparcialidade.

Este princípio previsto no artº 266º, nº 2 da CRP e no artº 9º do CPA tem a ver com as relações entre a Administração Pública e os particulares, **caracterizando-se por impor aos órgãos e agentes daquela o dever de agir de forma isenta e equidistante no que toca aos interesses em presença nos casos sobre os quais têm de decidir.**

Em caso de «conflito entre o interesse público e os interesses particulares, a Administração deve proceder com isenção na determinação da prevalência do interesse público, de modo a não sacrificar desnecessária e desproporcionadamente os interesses particulares (imparcialidade na aplicação do princípio da proporcionalidade)», enquanto que no que se refere «à atuação da Administração em face dos vários cidadãos» se exige que ela os trate, e aos seus interesses, todos por igual «através» da adoção «de um critério uniforme de prossecução do interesse público» (Gomes Canotilho e Vital Moreira, obra já citada, págs. 924 e 925).

Um dos afloramentos deste princípio, com reflexo sobre os direitos e deveres dos trabalhadores da Administração Pública, traduz-se precisamente no estabelecimento de uma série de garantias de imparcialidade sob a forma de impedimentos e suspeições dos titulares de órgãos e dos agentes administrativos, que os inibem de participar em questões nas quais tenham interesse pessoal. É o próprio artº 269º, nºs 4 e 5 da CRP que reconhece a importância deste princípio quando preceitua a proibição da acumulação de empregos ou cargos públicos, «salvo nos casos expressamente admitidos por lei».

O artº 76º, nº 1 do CPA preceitua que «são anuláveis nos termos gerais os atos ou contratos em que tenham intervindo titulares de órgãos ou agentes impedidos ou em cuja preparação tenha ocorrido prestação de serviços à Administração Pública em violação do disposto nos nºs 3 a 5 do artigo 69º» (do CPA).

Sobre as garantias de imparcialidade vejam-se os seguintes diplomas:
a) LTFP (arts. 19º a 24º);
b) Código do Procedimento Administrativo (arts. 69º a 76º);
c) Dec. – Lei nº 196/93, de 27 de maio (estabelece o regime de incompatibilidades do pessoal dos gabinetes);
d) Lei nº 64/93, de 26 de agosto (regime jurídico de incompatibilidades e impedimentos dos titulares de cargos políticos e altos cargos públicos);
e) Lei nº 29/87, de 30 de junho, que aprovou o Estatuto dos Eleitos Locais (arts. 3º e 4º, 1), al. c));
f) Lei nº 2/2004, de 15 de janeiro, que aprovou estatuto do pessoal dirigente dos serviços e organismos da administração central, regional e local (artº 17º).

G) – O Princípio da boa-fé.

Foi só com a revisão constitucional de 1997 que o princípio da boa-fé acabou por ficar inscrito na nossa Constituição como um dos princípios informadores e conformadores da atividade da Administração Pública e do seu relacionamento com os particulares (artº 266º, nº 2 da CRP). Originário do direito privado este princípio foi também adotado como princípio norteador da atividade administrativa através do Dec. – Lei nº 6/96, de 31 de janeiro, que procedeu à revisão do Código do Procedimento Administrativo e aí o consagrou no seu artº 6º-A. Com a consagração deste princípio quis-se vincar, dentro do objetivo pretendido de criar no público um clima de confiança e previsibilidade na atividade administrativa, que a Administração Pública está igualmente «obrigada a obedecer à *bona fide* nas relações com os particulares», sem a qual «nunca se poderá afirmar que o Estado (e demais entidades públicas) é *pessoa de bem*» (Freitas do Amaral, obra citada, vol. II, pág. 135).

Embora algo vago, **este princípio, constante hoje no artº 10º do atual CPA, traduz-se no dever da Administração Pública, logo dos seus órgãos e trabalhadores, agir e relacionar-se com os particulares, no exercício da atividade administrativa, segundo as regras da boa-fé** (sendo certo que igual dever também incide, e vincula, sobre estes mesmos particulares). Na concretização deste princípio devem ser tidos em conta e ponderados os valores fundamentais *da confiança legítima suscitada na contraparte* e do *objetivo a alcançar* com a atuação empreendida a que se refere o artº 10º, nº 2 do CPA.

O artº 70º, nº 1 da LTFP, assumiu o princípio da boa-fé na relação jurídica de emprego público constituída ao prescrever aí expressamente que «o empregador público e o trabalhador, no cumprimento das suas respetivas obrigações, assim como no exercício dos correspondentes direitos, devem proceder de boa-fé».

H) – O Princípio da colaboração da Administração com os particulares.

Previsto nos arts. 267º, nºs 1 e 5 e 268º, nºs 1 e 2 da CRP, **este princípio,** que consagra a adoção de um modelo de administração democrática e aberta, **traduz-se fundamentalmente no dever de a Administração Pública, através dos seus órgãos e agentes, informar e esclarecer os particulares que o solicitem sobre o desempenho da sua função administrativa**. O artº 11º do CPA concretiza este princípio numa norma inovadora no nosso ordenamento jurídico-administrativo na medida em que sujeita, de forma expressa, os órgãos, e também os agentes, da Administração Pública, pela primeira vez, ao **dever de «atuar em**

estreita colaboração com os particulares, procurando assegurar a sua adequada participação no desempenho da função administrativa, cumprindo-lhes, designadamente:
   a) Prestar aos particulares as informações e os esclarecimentos de que careçam;
   b) Apoiar e estimular as iniciativas dos particulares e receber as suas sugestões e informações» (nº 1).

Como contrapartida deste dever temos pois o correspondente direito atribuído aos particulares de obterem da parte da Administração Pública as informações e esclarecimentos sobre todas as questões em que possuam um interesse direto, pessoal e legítimo, direito que vem regulado de forma minuciosa nos arts. 82º e ss. do CPA e na Lei nº 65/93, de 28 de março, sobre o acesso aos documentos da Administração. Eis, então, **o direito à informação**, ou seja, o direito que os cidadãos têm de ser informados pela Administração Pública sobre todos os assuntos e procedimentos que lhes digam respeito de forma direta, pessoal e legítima. Segurança interna e externa, investigação criminal e intimidade das pessoas, bem como segredo comercial ou industrial ou segredo relativo à propriedade literária, artística ou científica, são as poucas áreas onde legalmente se aceita o afastamento do princípio da transparência da Administração Pública e do seu consequente **dever de informação** (artº 268º, nº 2 da CRP e arts. 82º e ss do CPA).

Outra faceta deste princípio consubstancia-se no **dever de comunicação aos interessados** por parte da Administração Pública do início oficioso do procedimento administrativo.

A finalizar refira-se que o artº 11º, nº 2 do CPA determina que a «Administração Pública é responsável pelas informações prestadas por escrito aos particulares, ainda que não obrigatórias», sendo também, e acrescentamos nós, responsável pelas informações que devia ter prestado e não as deu, isto é, pela omissão do cumprimento do seu dever de informar. Recorde-se que o artº 22º da CRP consagra a responsabilidade civil das entidades públicas, e de forma solidária dos titulares dos seus órgãos e trabalhadores, «por ações ou omissões praticadas no exercício das suas funções e por causa desse exercício, de que resulte violação dos direitos, liberdades e garantias ou prejuízo para outrem».

I) – O Princípio da participação.

Previsto nos arts. 267º, nºs 1 e 5 e 268º, nºs 1 e 2 da CRP, e no artº 12º do CPA **o princípio da participação consubstancia-se no dever da Administração Pública, logo dos seus órgãos e agentes, de «assegurar a participação dos particulares, bem como das associações que tenham por objeto a defesa dos seus interesses, na formação das decisões que lhes disserem respeito, designadamente através da respetiva audiência nos termos»** do Código do Procedimento Administrativo.

Um dos afloramentos deste princípio encontra-se expressa na parte final do artº 12º do CPA, nomeadamente através da consagração do **direito à audiência prévia dos interessados** em relação a quaisquer decisões administrativas definitivas que lhes digam respeito, principalmente quando indefiram ou neguem pedidos (este direito vem previsto nos arts. 80º, 100º e 121º do CPA).

Veja-se a propósito a Lei nº 83/95, de 31 de agosto, que definiu «os casos e os termos em que são conferidos e podem ser exercidos o direito de participação popular em procedimentos administrativos» (artº 1º).

A **participação dos interessados na gestão da coisa pública,** que constitui outra decorrência lógica deste princípio da participação, significa que os cidadãos devem ter intervenção no próprio funcionamento da máquina administrativa e, concretamente, no processo de tomada das decisões administrativas. No plano estrutural tal significa a existência de órgãos, nomeadamente de natureza consultiva, onde os cidadãos através das suas organizações representativas, identificadas como parceiros sociais, possam participar no processo de tomada das decisões administrativas.

J) – O Princípio da decisão.

Quando se afirma no artº 266º, nº 2 da CRP que a Administração Pública tem o dever de agir, no exercício das suas funções, com respeito pelos princípios aí enunciados, nele está implícito o dever de decidir na medida em que este constitui um pressuposto indispensável da atividade administrativa. Sem decisão não há ação.

A adoção do princípio da decisão no artº 13º do CPA significa, pois, a sujeição da Administração Pública, bem como dos seus órgãos e agentes, ao dever «de se pronunciar sobre todos os assuntos da sua competência que lhes sejam apresentados pelos particulares...». Atento à sua natureza e aos fins públicos legalmente definidos que prossegue no âmbito das suas atribuições e competências, não seria admissível nem compreensível aceitar que a Administração Pública pudesse não decidir ou se abster de o fazer. Seria visto como que uma renúncia ao exercício das suas competências e à prossecução dos seus fins públicos últimos. Seria, enfim, como que a negação da sua própria razão de ser (vd. arts. 23º e 29º do CPA).

O artº 13º do CPA, para além de impor à Administração Pública o dever de decidir, procurou também salvaguardar os interesses dos particulares contra os eventuais silêncios ou omissões do dever de agir das entidades públicas através da consagração da figura do ***ato tácito***. Este *ato* não é mais do que um silêncio ou uma omissão do dever de decidir por parte de uma entidade pública, da qual a lei faz decorrer a produção de determinados efeitos jurídicos de modo a possibilitar aos particulares o recurso a meios concretos para o seu ataque, de forma graciosa ou contenciosa. Pede-se e espera-se que a Administração Pública, perante uma determinada solicitação ou pedido de alguém, emita uma decisão final (arts. 126º e ss do CPA). Porém, no caso de não haver qualquer decisão expressa, a lei determina quando é que tal silêncio dá lugar a deferimento tácito (artº 108º do CPA) ou a indeferimento tácito (artº 130º do CPA), de modo a que o interessado possa exercer o respetivo meio legal de impugnação.

L) – O Princípio da desburocratização e da eficiência.

Trata-se de um princípio constitucional previsto no artº 267º, nºs 1, 2 e 5 da CRP que versa, não só sobre a atividade administrativa como também, e fundamentalmente, sobre a própria organização da nossa Administração Pública e a forma como esta se relaciona com os particulares.

O princípio da desburocratização significa, no entender do Prof. Freitas do Amaral, «que a Administração Pública deve ser organizada e deve funcionar em termos de eficiência e de facilitação da vida aos particulares – eficiência na forma de prosseguir os interesses públicos de caráter geral, e facilitação da vida aos particulares em tudo quanto a Administração tenha de lhes exigir ou haja de lhes prestar». Trata-se de um princípio difícil de aplicar, como bem reconhece este especialista, «mas que consta da Constituição e impõe ao legislador, e à própria Administração, que esta permanentemente se renove nas suas estruturas e nos seus métodos de funcionamento, para conseguir alcançar tal objetivo» (in obra citada, Vol. I, pág. 726).

Este princípio tem a sua tradução prática no **princípio da boa administração** previsto no artº 5º do CPA.

Os arts. 14º, 56º, 59º, 60º, 61º e ss do CPA concretizam este princípio através da imposição do dever de a Administração Pública se organizar de modo permitir a consecução de três objetivos:
1. O aproveitamento racional dos meios de que dispõe;
2. A simplificação dos seus procedimentos administrativos e;
3. A agilização do seu relacionamento com os particulares.

Este princípio determina, por consequência, a sujeição dos trabalhadores da Administração Pública ao dever de agirem de forma eficiente, célere e desburocratizada no seu relacionamento com os cidadãos, dispensando-se do recurso aí a atos e formalismos excessivos e desnecessários na satisfação dos pedidos feitos por estes. Relacionado com este princípio estão o **princípio do inquisitório** e o **dever de celeridade** previstos nos arts. 58º e 59º do CPA, respetivamente, que se reportam mais especificamente à componente procedimental da Administração Pública.

A preocupação de facilitar a vida aos cidadãos em relação àquilo que é a organização e funcionamento da Administração Pública constitui uma das razões subjacentes a qualquer reforma administrativa, encontrando-se tal preocupação hoje presente em inúmeros preceitos e mesmo diplomas legais do nosso ordenamento jurídico – vd. o CPA, a Resolução do Conselho de Ministros nº 30/90, de 26 de julho, sobre o dia nacional da desburocratização, a Resolução do Conselho de Ministros nº 189/96, de

31 de outubro, que cria o livro de reclamações, o Dec. – Lei nº 135/99, de 22 de abril, que estabelece medidas de modernização administrativa, sucessivamente alterado, o Dec. – Lei nº 166-A/99, de 13 de maio, que cria o sistema de qualidade em serviços públicos, e a Resolução do Conselho de Ministros nº 95/99, de 29 de julho, referente à disponibilização na Internet de informação detida pela Administração Pública.

Também relacionados com este princípio e, dalgum modo, dele decorrentes estão os **princípios da descentralização e da desconcentração da organização administrativa**. Contudo, estes princípios encontram-se condicionados na medida em que da sua aplicação prática não pode resultar «prejuízo da necessária eficácia e unidade de ação e dos poderes de direção e superintendência do Governo» de acordo com o preceituado no artº 267º, nº 2 da CRP. Ligado com aquele princípio temos igualmente o **princípio da aproximação dos serviços às populações**, que impõe o dever da Administração Pública se organizar de modo a que os seus serviços se situem o mais perto possível dos cidadãos.

M) – O Princípio da gratuitidade.

Este princípio, implícito na Constituição em relação à prestação de certos bens e serviços públicos, como sejam os relacionados com a saúde e a educação, encontra-se expressamente previsto no artº 15º do CPA, dele se retirando a **regra geral da gratuitidade dos procedimentos administrativos**. Daqui resulta que só haverá lugar ao pagamento de taxas ou de quaisquer despesas referentes a procedimentos administrativos quando lei especial previr e impuser tal pagamento. Mas mesmo nesta situação, devem «considerar-se inconstitucionais taxas que não correspondam a contrapartida de um serviço específico prestado pela Administração em conexão directa com o bem utilizado ou com a atividade desenvolvida – ou cujo montante se revele manifestamente desproporcionado» (Diogo Freitas do Amaral e outros, in «Código do Procedimento Administrativo – Anotado», 3ª Edição, Almedina, 1997; anotações ao então artº 11º do CPA, correspondente ao artº 15º do atual CPA).

Para os trabalhadores da Administração Pública, deste princípio, quando muito, decorre o dever de não pedir quaisquer taxas ou despesas pelos procedimentos administrativos que pratiquem

e executem, a não ser que haja lei especial ou ato ou regulamento administrativo, com fundamento legal, que previamente as preveja e mande cobrar. No que toca aos particulares assiste-lhes, consequentemente, o direito de não pagar tais taxas e despesas enquanto não lhes for exibida e assim provada a base legal que impõe tal pagamento (daí a exigência legal que as tabelas de cobrança de taxas, emolumentos ou quaisquer outras obrigações financeiras devam ser publicitadas através da sua afixação nos locais de atendimento ao público).

N) – O Princípio do acesso à justiça.

Por fim temos o princípio constitucional do acesso ao Direito e à tutela jurisdicional efetiva, isto é, à justiça, previsto no artº 20º da CRP, que se **constitui como o direito dado aos particulares de poderem atacar e obter por via judicial a declaração de invalidade das decisões administrativas feridas de ilegalidade. O recurso contencioso a que este princípio se reporta é aquele que é feito para os tribunais administrativos uma vez que estamos a falar de atos ou decisões tomadas no âmbito da atividade de gestão pública da Administração.** Deste princípio não se divisa nenhum dever particular, que importe assinalar, para a Administração Pública e os respetivos trabalhadores.

O – O Princípio da responsabilidade – por último, temos este princípio consagrado ex-novo no CPA aprovado pelo Dec. – Lei nº 4/2015, de 7 de janeiro, através do qual se afirma que a Administração Pública responde, nos termos legais, pelos danos causados no exercício da sua atividade, resultando daqui uma concomitante responsabilidade para os seus trabalhadores em funções públicas pelos danos provocados pelos seus atos ou omissões praticados em nome e por conta daquela Administração Pública (artº 271º da CRP).

A concluir este ponto, importa referir ainda que o CPA, aprovado pelo Dec. – Lei nº 4/2015, de 7 de janeiro, fala e autonomiza mais quatro princípios, a saber os **princípios aplicáveis à administração eletrónica, da administração aberta, da proteção dos dados pessoais e da cooperação leal com a União Europeia**, que se acabam também por traduzir na imposição de alguns deveres genéricos mais sobre os trabalhadores como sejam o de exercerem as suas funções públicas com a maior eficiência, transparência, respeito pela privacidade e intimidade acauteladas por lei e, por último, lealdade, neste caso perante a União Europeia.

9. A relação jurídica de emprego público no novo estatuto da função pública: o vínculo de emprego público

Conforme referimos anteriormente, o chamado Estatuto ou Direito da Função Pública é constituído hoje por normas específicas de direito público administrativo contidas essencialmente na LTFP e demais legislação avulsa, mas também no Código do Trabalho por força da remissão expressa nesse sentido feita em vários preceitos daquela LTFP, nomeadamente no seu artº 4º. Para além da LTFP, que constitui o cerne daquele estatuto, eis por ordem subjetiva de importância, aquele conjunto de diplomas legais avulso de direito administrativo que integram hoje o novo estatuto da função pública:

1. **Dec. – Lei nº 121/2008, de 11 de julho,** que «extingue as carreiras e categorias cujos trabalhadores integrados ou delas titulares transitam para as carreiras gerais de técnico superior, assistente técnico e assistente operacional (...)»;

2. **Lei nº 66-B/2007, de 28 de dezembro** (alterada pela Lei nº 64-A//2008, de 31 de Dezembro, pela Lei nº 55-A/2010, de 31 de dezembro, e pela Lei nº 66-B/2012, de 31 de dezembro), que «estabelece o sistema integrado de gestão e avaliação do desempenho na Administração Pública, (...) SIADAP»;

3. **Lei nº 80/2013, de 28 de novembro**, que «estabelece o regime jurídico da requalificação de trabalhadores em funções públicas visando a melhor afetação dos recursos humanos da Administração Pública»;

4. **Dec. – Lei nº 117/2006, de 20 de junho**, alterado pela Lei nº 53-A//2006, de 29 de dezembro, que «define as regras especiais aplicáveis às situações de transição do regime de proteção social dos funcionários e agentes da Administração Pública, adiante designado por proteção social, para o regime geral de segurança social dos trabalhadores por conta de outrem»;

5. **Lei nº 4/2009, de 29 de janeiro**, alterado pela Lei nº 10/2009, de 10 de março, que «define a proteção social dos trabalhadores que exercem funções públicas»;

6. **Dec. – Lei nº 89/2009, de 9 de abril,** alterado pela Declaração de Retificação nº 40/2009, 5 de junho e pelo Dec. – Lei nº 133/2012, de 27 de junho, que «regulamenta a proteção na parentalidade, no âmbito da eventualidade maternidade, paternidade e adoção, no regime de proteção social convergente»;

7. **Decreto Regulamentar nº 14/2008, de 31 de julho**, que «identifica os níveis da tabela remuneratória única dos trabalhadores que exercem funções públicas correspondentes às posições remuneratórias das categorias das carreiras gerais de técnico superior, de assistente técnico e de assistente operacional»;

8. **Portaria nº 1553-C/2008, de 31 de dezembro**, que «aprova a tabela remuneratória única dos trabalhadores que exercem funções públicas (...)»;

9. **Portaria nº 62/2009, de 22 de janeiro** (retificado pela Declaração de Retificação nº 12/2009, de 10 de fevereiro**)**, que aprova «os modelos de termos de aceitação da nomeação e de termo de posse»;

10. **Portaria nº 83-A/2009, de 22 de janeiro,** alterado pela Portaria nº 145-A/2011, de 6 de abril, que «regulamenta a tramitação do procedimento concursal» de pessoal na Administração Pública;

11. **Portaria nº 1553-D/2008, de 31 de dezembro,** alterada pela Portaria nº 1458/2009, de 31 de dezembro e pelo Dec. – Lei nº 137/2010, de 28 de dezembro (este diploma reduz os valores das ajudas de custo e dos subsídios de transporte e outras prestações pecuniárias), que atualiza as remunerações e outras prestações pecuniárias da função pública para 2009.

Para além destes diplomas, o estatuto da função pública vigente abrange ainda uma séria de diplomas de direito administrativo anteriores a esta última Reforma da Administração Pública, como sejam os respeitantes ao estatuto da aposentação (da Caixa Geral de Aposentações), à ADSE, a prestações sociais, e ainda ao:

1. **Dec. – Lei nº 48. 359, de 27 de abril de 1968,** alterado pelo Dec. – Lei nº 49.410, de 24 de novembro, pelo Dec. – Lei nº 100/99, de 31 de março, pelo Dec. – Lei nº 319/99, de 11 de agosto, e complementado pelo Decreto nº 55/74, de 16 de fevereiro, e pelo Dec. – Lei nº 87/78, de 4 de maio e pelo Decreto Regulamentar nº 31/79, de 27 de abril, que regula assistência na tuberculose aos funcionários civis e seus familiares;

2. **Dec. – Lei nº 503/99, de 20 de novembro,** alterado pelo Dec. – Lei nº 77/2001, de 5 de março, pela Lei nº 59/2008, de 11 de setembro, pela Lei nº 64-A/2008, de 31 de dezembro e pela Lei nº 11/2014, de 6 de março, que «estabelece o regime jurídico dos acidentes de trabalho e das doenças profissionais ocorridos ao serviço de entidades empregadoras públicas».

O conjunto de direitos e deveres dos trabalhadores que exercem funções públicas que vamos passar a enunciar e a analisar são assim os que emergem da constituição da respetiva relação ou vínculo jurídico de emprego público e se encontram previstos e disciplinados em toda aquela série de diplomas legais de direito administrativo e agora no próprio Código do Trabalho, por remissão da LTFP, que constituem o atual estatuto da função pública.

10. Recrutamento e seleção dos trabalhadores da Administração Pública

Já vimos que a Administração Pública, para poder prosseguir a satisfação das necessidades coletivas que lhe estão cometidas, necessita de recursos humanos, isto é, de trabalhadores. Para tanto, tem de os ir recrutar e selecionar ao mercado do trabalho. Aos trabalhadores recrutados e selecionados para trabalhar na Administração Pública assiste-lhes o direito de com ela constituir uma relação jurídica de trabalho especial, a chamada relação ou vínculo jurídico de emprego público.

Devido à dimensão dos recursos humanos da nossa Administração Pública, e ao facto de ela ser o maior empregador nacional, o legislador português teve a preocupação de criar uma moldura jurídico-legal, e até constitucional (arts. 47º e 50º da CRP), que garantisse a necessária isenção e imparcialidade no recrutamento e seleção dos respetivos trabalhadores de molde a assegurar **o direito de acesso de todos, em condições de igualdade e de liberdade, aos empregos públicos**. Eis-nos assim perante o procedimento do concurso como instrumento ou meio de garantia do direito do acesso de todos à função pública no processo de recrutamento e seleção dos trabalhadores da Administração Pública. Este direito, contudo, não se constitui ainda como um verdadeiro e próprio direito subjetivo do trabalhador uma vez que se trata dum direito anterior e exógeno à relação jurídica de emprego público, dado a todos os cidadãos candidatos a empregos públicos, independentemente de eles, candidatos, virem ou não a adquirir a qualidade de trabalhadores que exercem funções públicas.

No seguimento da determinação prevista no artº 47º, nº 2 da CRP, e porque através do procedimento concursal se visa precisamente a salvaguarda de um fim público relevante, como é o da garantia da liberdade de acesso de todos à função pública, o concurso acabou, ele próprio, por ser previsto e regulado em normativos de direito público administrativo, isto é, no estatuto da função pública, a saber, nos arts. 33º a 39º da LTFP, e na Portaria nº 83-A/2009, de 22 de janeiro, alterada pela Portaria nº 145-A/2011, de 6 de abril.

Não obstante a preocupação do nosso legislador em garantir o acesso de todos aos empregos públicos, e as diligências efetuadas para a levar a cabo, constata-se infelizmente a relativa falência das medidas legislativas e administrativas tomadas nesse sentido, uma vez que o nosso poder político tem-se, neste campo, revelado demasiado permeável às pressões das suas clientelas partidárias, o que se tem traduzido «em muitos jeitinhos» à portuguesa na admissão na função pública, nomeadamente ao nível da sua classe dirigente, responsáveis pelo peso e dimensão crítica que ela hoje tem. O recurso a concursos com fórmulas de classificação feitas à medida e semelhança do currículo do candidato que se pretende admitir tem sido um dos expedientes mais utilizados e que maior crítica e indignação têm merecido da opinião pública. Se há campo pródigo a contradições e hipocrisia entre o discurso e a prática políticas, entre o que vem previsto na lei e a atuação da Administração Pública, este é um deles. A despromoção legislativa do concurso, que deixou de vir previsto em decreto-lei para passar a ser regulado em simples portaria, é, só por isso, um mau sinal.

Respeitada a regra da precedência de procedimento de recrutamento e seleção do trabalhador com quem contratar, a Administração Pública tem a sua liberdade de contratar ainda condicionada por um conjunto de regras e formalidades legais que importa referir de seguida.

Vejamo-las!

a) Os mapas de pessoal.

Por força do novo quadro legislativo vigente o empregador público só pode recrutar os recursos humanos que necessita para prosseguir as suas atividades desde que os mesmos venham previstos nos mapas de pessoal dos respetivos serviços (artº 28 da LTFP).

10. RECRUTAMENTO E SELEÇÃO DOS TRABALHADORES DA ADMINISTRAÇÃO PÚBLICA

No artº 29º, nº 1 da LTFP, preceitua-se que: «Os órgãos e serviços preveem anualmente o respetivo mapa de pessoal, tendo em consideração as atividades, de natureza permanente ou temporária, a desenvolver durante a sua execução», mapa que deve assim conter a indicação do número de postos de trabalho de que o órgão ou serviço carece para o desenvolvimento das respetivas atividades nos termos do nº 2 deste mesmo preceito.

Deste preceito resulta que todas as unidades orgânicas ou serviços que recaiam no âmbito de aplicação objetivo do artº 1º da LTFP têm de possuir mapas de pessoal adequados ao desenvolvimento das respetivas atividades e ajustados aos orçamentos colocados à sua disposição durante o ano económico a que diz respeito. Consequentemente, por força daqueles mapas de pessoal, a Administração Pública só pode recrutar os trabalhadores que carece até ao número limite de efetivos previsto nos mesmos. Depois do concurso eis-nos, pois, perante a segunda condicionante legal colocada à capacidade de recrutamento e de contratação de pessoal por parte da Administração Pública.

Os **mapas de pessoal** são, assim, os documentos gestionários de carácter anual que contêm a indicação do número de postos de trabalho de que o órgão ou serviço necessita para o desenvolvimento das respetivas atividades durante um determinado ano económico ou orçamental, «caracterizados em função:

a) Da atribuição, competência ou atividade que o seu ocupante se destina a cumprir ou a executar;
b) Do cargo ou da carreira e categoria que lhes correspondam;
c) Dentro de cada carreira e, ou, categoria, quando imprescindível, da área de formação académica ou profissional de que o seu ocupante deva ser titular;
d) Do perfil de competências transversais da respetiva carreira ou categoria, regulamentado por portaria do membro do Governo responsável pela área da Administração Pública e complementado com as competências associadas à especificidade do posto de trabalho»
(artº 29º, nº 2 da LTFP)

A grande novidade introduzida por este preceito consistiu na substituição da relativa perenidade que caracterizava os quadros de pessoal pela nova figura mais efémera dos mapas de pessoal, pondo-se, até certo ponto, em causa com isso a própria estabilidade caracterizadora do emprego público para que aponta a CRP. O facto dos quadros de pessoal estarem sujeitos a um processo complexo e demorado de alteração e se reportarem apenas e tão só a lugares permanentes da Administração Pública constituía uma garantia da segurança e estabilidade do emprego e do trabalhador público do quadro, característica que se encontra hoje arredada dos mapas de pessoal. Quando um trabalhador ingressava num lugar do quadro sabia que o fazia para um lugar permanente, do qual só podia ser afastado, contra a sua vontade, por via disciplinar. Hoje, os mapas de pessoal, enquanto reflexo das atividades, condições e recursos orçamentais previstos para o período conjuntural de um ano, são eles próprios fator de instabilidade e insegurança para os titulares do emprego público a partir do momento em que se admite na lei a possibilidade, ou a obrigatoriedade mesmo, da sua revisão anual caso se chega à conclusão que o número de trabalhadores aí previsto é diminuto ou, o que é pior, excessivo para as atividades a desenvolver pelo serviço no ano imediato (artº 29º, nºs 4 a 7 da LTFP), pondo-se deste modo em causa a tradicional estabilidade e segurança em torno do emprego público.

Mais!

Quando no artº 29º, nº 1 da LVCR se afirma que os mapas de pessoal contêm a indicação do número de postos de trabalho que o órgão e serviço carece para o desenvolvimento das respetivas atividades, que podem ser «*de natureza permanente ou temporária*», pretende-se com isto apontar no sentido de que naqueles mapas de pessoal devem constar todos, mas todos, os trabalhadores necessários à prossecução daquelas atividades, sejam eles contratados por tempo indeterminado ou a termo resolutivo. Consequentemente, os postos de trabalho previstos nos mapas de pessoal constituem dotações globais para a contratação quer de trabalhadores nomeados definitivamente ou com contrato de trabalho em funções públicas indeterminado quer de trabalhadores nomeados transitoriamente ou com contrato de trabalho em funções públicas a termo resolutivo.

b) Os postos de trabalho.

Outra condicionante legal à liberdade contratual da Administração Pública é a que tem a ver com a figura do posto de trabalho. Efetivamente, de acordo com o disposto no artº 29º da LTFP, a Administração

10. RECRUTAMENTO E SELEÇÃO DOS TRABALHADORES DA ADMINISTRAÇÃO PÚBLICA

Pública só pode recrutar os recursos humanos de que necessita até ao número limite de postos de trabalho previstos no respetivo mapa de pessoal. O novo conceito de **posto de trabalho**, que substituiu o de lugar, **pode-se assim definir como o emprego com dotação orçamental que um trabalhador assume num empregador público para poder desempenhar, através da ocupação de um determinado cargo, carreira ou categoria profissional, um conjunto de tarefas concretas a realizar em certo local de trabalho, a que corresponde uma remuneração concreta definida na lei.**

c) – Cargos, carreiras e categorias.

A Administração Pública tem a sua capacidade de recrutamento de trabalhadores limitada ainda pelos cargos, carreiras e categorias legais previstas e existentes. Isto é, Administração Pública só pode contratar pessoas que necessita para os **cargos** – *entendidos como conjuntos abstratos de funções não integradas em carreiras e categorias, caso dos dirigentes* (artº 29º, nº 2, al. b) e art. 9º da LTFP; vd. João Alfaia, «Conceitos Fundamentais do Regime Jurídico do Funcionalismo Público», Vol. I, Almedina, 1985, pág. 44, "in fine"), **carreiras** – *definíveis como os conjuntos hierarquizados de categorias, no caso das carreiras pluricategoriais, e ou de posições remuneratórias, caso das carreiras unicategoriais, às quais correspondem funções profissionais da mesma natureza a que os trabalhadores terão acesso de acordo com a antiguidade e o mérito evidenciados no desempenho profissional* (artº 29º, nº 2, als. b) e c) e arts. 84º a 88º da LTFP; na ausência de qualquer conceito legal de carreira previsto neste diploma socorremo-nos aqui do conceito anteriormente enunciado no art. 4º, nº 1 do Dec. – Lei nº 248/85, de 15 de Julho, que estabelecia o regime geral de estruturação das carreiras da função pública, entretanto revogado pela LVCR), e **categorias** – *que são os distintos e hierarquizados conteúdos funcionais legalmente descritos que caracterizam e integram uma mesma profissão de uma determinada carreira* (arts. 85º e 86º da LTFP), previstas na lei. Está, assim, vedada à Administração Pública a constituição de qualquer vínculo jurídico de emprego público para o exercício de conteúdos funcionais que não integrem ou façam parte dos cargos, carreiras e categorias legalmente previstos e existentes.

d) – Conteúdo funcional.

No artº 80º, nº 1 da LTFP determina-se que «a cada carreira, ou a cada categoria em que se desdobre uma carreira, corresponde um conteúdo funcional legalmente descrito», pelo que, nestes termos, a Administração Pública só pode constituir um vínculo jurídico de emprego público com o trabalhador que preencha ou satisfaça o conteúdo funcional legal da carreira ou da categoria a que se reporta o posto de trabalho previsto no mapa de pessoal que vier a ser publicitado em sede de procedimento concursal (arts. 29º, nº 2, al. c) e 33º, nº 3 da LTFP). Eis outro limite legal à capacidade de recrutamento de pessoal por parte da Administração Pública.

A propósito do **conteúdo funcional ou das funções desempenhadas pelo trabalhador que exerce funções públicas** veja-se o disposto nos arts. 74º, 79º, 80,º a 82º da LTFP, mormente no seu artº 80º que, pela sua importância, se transcreve de seguida:

«1. A carreira, ou a cada categoria em que se desdobre uma carreira, corresponde um conteúdo funcional legalmente descrito.

2. O conteúdo funcional de cada carreira ou categoria deve ser descrito de forma abrangente, dispensando pormenorizações relativas às tarefas nele abrangidas».

Por seu turno, esclarece-se no artº 81º que:

«1. A descrição do conteúdo funcional nos termos do artigo anterior não prejudica a atribuição ao trabalhador de funções que lhe sejam afins ou funcionalmente ligadas, para os quais o trabalhador detenha a qualificação profissional adequada e que não impliquem desvalorização profissional.

2. Sempre que as funções afins ou funcionalmente ligadas à atividade principal, referidas no número anterior, exijam especiais qualificações, o exercício de tais funções confere ao trabalhador o direito a formação profissional não inferior a 10 horas anuais».

Veja-se, por fim, a este propósito o Anexo a que se refere o artº 88º, nº 2 da LTFP.

e) – Requisitos de recrutamento.

A constituição do vínculo de emprego público com a Administração Pública depende ainda da verificação, por parte desta, de que o traba-

lhador a admitir reúne os requisitos legais genéricos, habilitacionais e específicos previstos nos arts. 17º, 34º e 35º da LTFP, respetivamente. São eles:
1. A posse da nacionalidade portuguesa, quando não dispensada pela Constituição, convenção internacional ou lei especial (artº 17º, nº 1, al. a) da LTFP);
2. Ter 18 anos de idade completos (artº 17º, nº 1, al. b) da LTFP);
3. Não estar inibido do exercício de funções públicas ou não estar interdito para o exercício daquelas que se propõe desempenhar (artº 17º, nº 1, al. c) da LTFP);
4. Possuir robustez física e perfil psíquico indispensáveis ao exercício das funções (artº 17º, nº 1, al. d) da LTFP);
5. Cumprir as leis da vacinação obrigatória (artº 17º, nº 1, al. e) da LTFP);
6. Satisfazer o nível habilitacional exigido para a ocupação do posto de trabalho alvo de publicitação em sede de procedimento concursal (artº 34º da LTFP);
7. Satisfazer, quando for caso disso, os demais requisitos específicos de recrutamento enunciados no artº 35º da LTFP.

f) – Dotação orçamental.

O orçamento surge-nos, simultaneamente, como outra limitação à capacidade de recrutamento de pessoal por parte da Administração Pública. A capacidade de recrutamento e seleção de pessoal por parte da Administração Pública, logo a sua consequente capacidade de constituir um vínculo jurídico de emprego público válido seja com quem for, depende da previsão e cativação da dotação orçamental necessária à concretização da admissão daquele trabalhador em concreto (arts. 28º a 31º da LTFP). Sem a satisfação do requisito da verificação do adequado e necessário cabimento orçamental prévio está vedada à Administração Pública a possibilidade de admitir seja quem for para prestar serviço na função pública.

g) – Publicitação e as modalidades de vinculação.

Sempre que a Administração Pública quiser ou sentir a necessidade de admitir qualquer trabalhador ao seu serviço é ainda obrigada a publicitar essa sua vontade de admissão de pessoal pela forma prevista no artº 33º, nº 2 da LTFP. Trata-se de uma limitação procedimental colocada à Administração Pública destinada a assegurar a observância dos princípios constitucionais da liberdade, igualdade e universalidade no acesso à função pública, ou seja, assegurar o direito de todos, em liberdade e igualdade, concorrerem à função pública. Reconhecer e atribuir aqui um poder discricionário e arbitrário da Administração Pública contratar quem e como quiser seria uma porta aberta às pressões e influências das clientelas partidárias, das cunhas e do amiguismo, em detrimento das exigências e competências colocadas pelo próprio interesse coletivo prosseguido pelo respetivo serviço público, para além de significar uma violação flagrante do disposto no artº 47º, nº 2 da CRP.

Por fim, temos a salientar que a Administração Pública só pode constituir um vínculo jurídico de emprego público com o trabalhador que deseja admitir apenas através de uma das modalidades legais de constituição desta mesma relação previstas no artº 6º, nºs 2 a 4 da LTFP.

11. Vinculação. A constituição do vínculo jurídico de emprego público. Modalidades

A LTFP fixa e regula as modalidades de prestação de trabalho em funções públicas às diferentes entidades empregadoras públicas que integram e constituem a nossa Administração Pública.

Numa redação a nosso ver infeliz, na medida em que a LTFP regula e versa essencialmente sobre uma relação de emprego subordinada na Administração Pública, ficamos a saber pelo artº 6º, nº 1 da LTFP que «o trabalho em funções públicas pode ser prestado» através da constituição de uma de duas relações jurídicas, a saber:

a) **De uma relação jurídica autónoma constituída por contrato de prestação de serviços** – é aquela que se constitui entre a Administração Pública e, em regra, uma pessoa coletiva ou, excepcionalmente, uma pessoa singular, através da qual estes últimos se comprometem a prestar àquela um trabalho não subordinado – caraterizado legalmente por ser o trabalho executado com autonomia, não sujeito à disciplina e à direcção do órgão e serviço contratante, em que não há lugar a qualquer obrigação do cumprimento de um horário de trabalho (artº 10º da LTFP), – estando a sua celebração dependente da observância do regime legal da aquisição de serviços e da comprovação por parte do contratado que tem as suas obrigações fiscais e com a segurança social regularizadas; a constituição desta relação jurídica faz-se através da celebração de **contratos de prestação de serviços**, nas modalidades de:

1. **Contrato de tarefa**, «cujo objeto é a execução de trabalhos específicos, de natureza excecional, não podendo exceder o termo do prazo contratual inicialmente estabelecido» (artº 10º, nº 2. al. a) da LTFP);
2. **Contrato de avença**, que tem como objeto «a execução de prestações sucessivas no exercício de profissão liberal, com retribuição certa mensal, podendo ser feito cessar a todo o tempo, por qualquer das partes, mesmo quando celebrado com cláusula de prorrogação tácita, com aviso prévio de 60 dias e sem obrigação de indemnizar» (artº 10º, nº 2, al. b) da LTFP).

b) De uma relação ou vínculo jurídico de emprego público – definido anteriormente **como sendo aquele «pelo qual uma pessoa singular presta a sua atividade a um empregador público, de forma subordinada e mediante remuneração»** (arts. 6º e ss da LTFP). É este o vínculo que nos importa relevar e analisar uma vez que é através dele que o sujeito adquire a qualidade de trabalhador que exerce funções públicas, constituindo-se assim no objecto do presente trabalho.

De acordo com o disposto no artº 6º, nº 3 da LTFP **são três as modalidades de constituição do vínculo jurídico de emprego público, a saber:**
1. **A nomeação** – é o ato unilateral da entidade empregadora pública, cuja eficácia depende da aceitação do nomeado, que só pode ser utilizado «nos casos de exercício funções no âmbito das seguintes atribuições, competências e atividades:
    a) Missões genéricas e específicas das Forças Armadas em quadros permanentes;
    b) Representação externa do estado;
    c) Informações de segurança;
    d) Investigação criminal;
    e) Segurança pública, quer em meio livre quer em meio institucional;
    f) Inspeção».
    (arts. 6º, nº 3, al. b), 8º, nº 1 e 41º a 44º da LTFP)
2. **O contrato de trabalho em funções públicas** – é o ato bilateral celebrado entre uma entidade empregadora pública, com ou sem personalidade jurídica, agindo em nome e em representação do Estado, e um particular, nos termos do qual se constitui uma relação de trabalho

subordinado de natureza administrativa (arts. 6,º, nº 3, al. a), 7º, nº 3 e 40º da LTFP); esta modalidade de constituição de um vínculo jurídico de emprego público é de utilizar, por exclusão de partes, relativamente a todos os trabalhadores que não devam ser nomeados e cujo vínculo não deva ser constituída por comissão de serviço, constituindo-se assim como a modalidade regra de vinculação à Administração Pública (arts. 7º, 8º e 9º da LTFP);

3. **A comissão de serviço** – é a modalidade de constituição de um vínculo de emprego público quando se trate:

a) Do exercício de «cargos não inseridos em carreiras, designadamente cargos dirigentes;

b) De funções exercidas com vista à aquisição de formação específico, habilitação académica ou título profissional por trabalhador com vínculo de emprego público por tempo indeterminado» (artº 9º, nº 1 da LTFP).

12. A nomeação. Modalidades. Efeitos da aceitação

Já vimos que a nomeação tem hoje o seu âmbito de aplicação subjetivo circunscrito aos trabalhadores a quem compete o cumprimento ou a execução de atribuições, competências e atividades que implicam o exercício de poderes de autoridade e soberania. Assim, desde de 1 de Janeiro de 2009 que, na sequência da publicação da Lei nº 12-A/2008, de 27 de fevereiro, só pode ser nomeado quem efetivamente exercer atividade numa das áreas enunciadas no artº 8º da LTFP, onde aquele jus imperii marca presença.

Na sequência de opção política pouco pacífica, polémica mesmo, tomada nesse sentido, determinou-se no art. 88º da LVCR que o preceito contido no art. 10º do mesmo diploma tivesse efeitos imediatos, nomeadamente quando aí se prescrevia que aos «trabalhadores nomeados definitivamente que exercem funções em condições diferentes das referidas no artigo 10º», isto é, que não exercessem quaisquer funções de autoridade e soberania, transitassem, «sem outras formalidades, para a modalidade de contrato por tempo indeterminado» a partir da entrada em vigor do Regime do Contrato de Trabalho em Funções Públicas, que ocorreu a 1 de Janeiro de 2009. Assim, milhares de funcionários públicos de há muito nomeados passaram de um dia para o outro para a modalidade de contrato de trabalho em funções públicas por tempo indeterminado pelo simples facto de não exercerem quaisquer atividades de jus imperii. Contrariamente, as Regiões Autónomas dos Açores e da Madeira, através do artº 7º do DLR nº 26/2008/A, de 24 de Julho, e do artº 4º do DLR nº 1/2009/M, de 12 de Janeiro, respetivamente, entenderam dever respeitar os vínculos de nomeação anteriormente constituídos com os respetivos trabalhadores, independentemente de estes exercerem ou não funções de autoridade e soberania, pelo que mantiveram assim o vínculo de nomeação a quem já o possuía. Posteriormente, através dos Acórdãos do Tribunal Constitucional nºs 33/2011 e 265/2011, publicados nos Diários da República, I Série, nºs 31, de 14 de Fevereiro, e 121, de 27 de Junho, respetivamente, as normas regionais que mantinham o vínculo de nomeação foram declaradas inconstitucionais, pelo que os trabalhadores regionais passaram também a ter um vínculo jurídico contratual à semelhança dos seus colegas da administração pública central.

Para além desta novidade legislativa, de circunscrever a figura da nomeação apenas às carreiras que envolvam o exercício de funções de autoridade e soberania, importa chamar a atenção para a existência de mais duas novas particularidades da actual figura da nomeação relativamente à sua congénere anterior prevista no Dec. – Lei nº 427/89, de 7 de dezembro. A primeira tem a ver com o facto do atual instituto de nomeação, ao contrário do que vinha previsto no artº 4º, nº 5 do Dec. – Lei nº 427/89, de 7 de dezembro, entretanto revogado pela Lei nº 12-A/2008, de 27 de fevereiro, que aprovou a Lei de Vínculos, Carreiras e Remunerações, LVCR, não atribuir a qualidade de funcionário público ao investido, tendo-se até mesmo deixado de fazer referência a tal conceito no novo quadro legislativo saído da última Reforma da Administração Pública e revisto pela atual LTFP, em desrespeito aparente pela própria CRP que a ele continua a fazer menção expressa (vd. artº 271º da CRP). A segunda novidade resulta do fato da lei ter passado a admitir a existência de uma nomeação transitória quando anteriormente a mesma se encontrava íntima e exclusivamente associada à ideia da constituição de uma relação jurídica de emprego público definitiva, permanente e estável (vd. artº 11º, nº 3 da LVCR e artº 8º, nº 3 da LTFP).

De acordo com o previsto nos arts. 6º, nº 4, 8º, nº 3 e 56º, nº 4 da LTFP **a figura da nomeação pode revestir as seguintes modalidades**:

1. Nomeação definitiva – *é a efetuada por tempo indeterminado, sem prejuízo do período experimental previsto e regulado nos artigos 45º e seguintes*; o vínculo que daqui resulta para o trabalhador que exerce funções públicas caracteriza-se por ser um vínculo permanente e definitivo, que confere ao seu titular uma especial estabilidade e segurança na relação jurídica de emprego pública constituída com a Administração Pública; contudo, importa referir que durante o período experimental da nomeação definitiva (que, na falta de lei especial em contrário, é de 1 ano, artº 49º, nº 3 da LTFP), destinado a comprovar se o trabalhador possui as competências exigidas pelo posto de trabalho que vier a ocupar, o seu vínculo de emprego público é provisório e precário, no sentido de que, concluído sem sucesso o período experimental, a nomeação é feita cessar e o trabalhador regressa à situação jurídico-funcional de que era titular antes dela, quando constituída e consolidada por tempo indeterminado, ou cessa a relação jurídica de emprego público, no caso de não possuir a titularidade de nenhuma situação jurídico-funcional anterior, em qualquer caso sem direito a indemnização (artº 45º, nºs 1, 3 e 4 da LTFP); durante o período experimental, o trabalhador é acompanhado por um júri especialmente constituído para efeito de proceder à sua avaliação final; quando o trabalhador tenha obtido uma avaliação não inferior a 14 ou a 12 valores, consoante se trate ou não, respetivamente, de carreira ou categoria de grau 3 de complexidade funcional, considera-se que este concluiu com sucesso o período experimental, sendo o respetivo tempo de serviço contado, para todos os efeitos legais, na carreira ou categoria em causa (artº 46º, nºs 1, 3 e 4 da LTFP);

2. Nomeação transitória – é a efetuada por tempo determinado, sendo aplicável, quando as funções referidas nas als. b) a f) do nº 1 devam ser exercidas a título transitório, com as necessárias adaptações, o regime da» LTFP para o contrato de trabalho em funções públicas a termo resolutivo (arts. 6º, nº 4, 8º, nº 3 e 56º, nº 4 da LTFP).

Concluído o procedimento concursal para o recrutamento de trabalhadores nomeados segue-se a sua **nomeação,** que «**reveste a forma de despacho»,** do qual deve constar «**referência aos dispositivos legais habilitantes e à existência de adequado cabimento orçamental»**, podendo este despacho «**consistir em mera declaração de concordância com proposta ou informação anterior que, nesse caso, faz parte integrante do ato»** (artº 41º, nºs 1 e 2 da LTFP). A nomeação, contudo, só produz os seus efeitos legais, nomeadamente de perceção de remuneração e de contagem do tempo de serviço, com «**a aceitação que é o ato público e pessoal pelo qual o nomeado declara aceitar a nomeação»**, sendo esta aceitação titulada por um termo próprio, de modelo aprovado pela Portaria nº 62/2009, de 22 de Janeiro (arts. 42º, nºs 1 e 2 e 44º, nº 1 da LTFP). Excecionalmente, nos casos de ausência por maternidade, paternidade ou adopção e de faltas por acidente em serviço ou doença profissional, os efeitos legais decorrentes da nomeação definitiva respeitantes à perceção da remuneração e à contagem do tempo de serviço retroagem à data da publicitação do respetivo despacho (artº 44º, nºs 2 e 3 da LVCR). Quanto aos casos previstos no nº 3 do artº 43º, «a contagem do tempo de serviço decorrente da nomeação definitiva retroage à data da publicitação do respetivo ato» (artº 44º, nº 3 da LTFP).

«O termo de aceitação é assinado pelo órgão competente para a nomeação» (artº 42º, nº 4 da LTFP).

Após a data da publicitação do acto de nomeação o trabalhador nomeado tem um prazo de 20 dias para aceitação, «sem prejuízo do disposto em lei especial» (artº 43º, nº 1 da LTFP). «Em casos devidamente justificados, designadamente de doença e férias», aquele prazo «pode ser prorrogado, por períodos determinados, pela entidade competente para a assinatura do respectivo termo» (artº 43º, nº 2 da LTFP). A lei nega, contudo, a esta entidade competente qualquer possibilidade de recusa da assinatura do termo de aceitação, sob pena de incorrer em responsabilidade civil, financeira e disciplinar (artº 42º, nº 6 da LTFP).

Note-se que, «sem prejuízo do disposto em lei especial, **a falta de aceitação do nomeado**», dentro do prazo que lhe é dado por lei para o fazer, «**determina a caducidade automática do ato de nomeação, que não pode ser repetido no procedimento em que foi praticado**» (artº 42º, nº 7 da LTFP).

No acto de aceitação o trabalhador nomeado presta uma ajuramentação ou compromisso de honra nos seguintes termos legais:

> «*Afirmo solenemente que cumprirei as funções que me são confiadas com respeito pelos deveres que decorrem da Constituição e da lei*» (artº 42º, nº 3 da LTFP).

13. O contrato de trabalho em funções públicas. Modalidades. Produção de efeitos

O artº 7º da LTFP constituiu o contrato de trabalho em funções públicas na modalidade regra de constituição de um vínculo de jurídico de emprego público, podendo este definir-se **como sendo o acto bilateral celebrado entre um empregador público, com ou sem personalidade jurídica, agindo em nome e representação não só do Estado, como também das Regiões Autónomas ou das Autarquias, em que se integram, e um particular, nos termos do qual se constitui um vínculo jurídico de trabalho subordinado de natureza administrativa para o exercício de funções de caráter eminentemente técnico não integradas ou inseridas no âmbito de aplicação subjetiva das figuras da nomeação ou da comissão de serviço.** O contrato de trabalho em funções públicas surge-nos assim como a modalidade regra de constituição do vínculo jurídico de emprego público no âmbito das carreiras gerais de Técnico Superior, Assistente Técnico e Assistente Operacional (artº 88º da LTFP), bem como das carreiras especiais de natureza predominantemente técnica que não se enquadrem no âmbito de aplicação subjetiva da nomeação e da comissão de serviço.

De acordo com o disposto nos arts. 6º, nºs 3, al. a) e 4 e 56º da LTFP **o contrato de trabalho em funções públicas pode revestir uma das seguintes modalidades:**

1. Contrato por tempo indeterminado – que se caracteriza por constituir um vínculo de emprego público por tempo indeterminado; o trabalhador adquire aqui um vínculo permanente e definitivo, que lhe confere uma especial estabilidade e segurança na relação jurídica de emprego pública constituída com a Administração Pública (n.º 1); importa referir que durante o período experimental do contrato de trabalho em funções públicas por tempo indeterminado (que, de acordo com o disposto no art.º 49.º, n.º 1 da LTFP, pode ter a duração de 90, 180 e 240 dias; vd. a propósito a Cláusula n.º 6ª do Acordo Coletivo de Trabalho sobre Carreiras Gerais n.º 1/2009, in DR, 2ª Série, n.º 188, de 28 de setembro de 2009, que procedeu a uma redução daqueles prazos), destinado a comprovar se o trabalhador possui as competências exigidas para o exercício das funções do posto de trabalho que vier a ocupar, a sua relação jurídica de emprego público é provisória e precária, no sentido de que, concluído sem sucesso o período experimental, a relação é feita cessar, regressando o trabalhador à situação jurídico-funcional de que era titular antes dela, quando constituída e consolidada por tempo indeterminado, ou, no caso de não possuir a titularidade de nenhuma situação jurídico-funcional anterior, o trabalhador vê pura e simplesmente cessar a sua relação jurídica, em qualquer caso sem direito a indemnização (vd. art.º 45.º, n.ºs 3 e 4 da LTFP); por força do disposto no art.º 48.º, n.º 1 deste último diploma, «o período experimental é tido em conta, para todos os efeitos legais, como tempo de serviço efetivo» (vd. ainda art.º 46.º da LTFP);

2. **Contrato a termo resolutivo** – é aquele que se caracteriza por o vínculo de emprego público constituído à sua sombra ter uma duração limitada no tempo sujeita à verificação de um termo que a põe fim isto é, que a resolve (art.º 56.º, n.º 1 da LTFP); este contrato só pode ser utilizado nas situações, fundamentadamente justificadas, enunciadas no art.º 57.º, n.º 1 da LTFP; consoante a natureza deste termo, o contrato a termo resolutivo pode distinguir-se entre:

    a) **Contrato a termo resolutivo certo** – é aquele que «dura pelo período acordado, não podendo exceder 3 anos, incluindo renovações, nem ser renovado mais de 2 vezes, sem prejuízo do disposto em lei especial» (art.º 60.º, n.º 1 da LTFP);

    b) **Contrato a termo resolutivo incerto** – é o que «dura por todo o tempo necessário para a substituição do trabalhador ausente ou para conclusão da tarefa ou serviço cuja execução justifica a celebração»; o vínculo de emprego público é constituída por tempo determinável, isto é, sabe-se à partida que o vínculo terminará com

13. O CONTRATO DE TRABALHO EM FUNÇÕES PÚBLICAS. MODALIDADES.

a ocorrência de determinado fato só que não se sabe, em concreto, quando ele efetivamente ocorrerá (artº 60º, nº 2 da LTFP).

Concluído o procedimento concursal para o recrutamento de trabalhadores contratados segue-se o respetivo contrato, que «está sujeito à forma escrita e dele deve constar a assinatura das partes» e as indicações previstas na lei (artº 40º, nºs 1 e 2 da LTFP). O contrato, contudo, só produz os seus efeitos legais, nomeadamente de perceção de remuneração e de contagem do tempo de serviço, na data do início da atividade quando prevista no respetivo clausulado ou, na sua falta, na data da celebração do contrato (artº 40º, nºs 2, al. e) e 3 da LTFP).

Na sequência de opção política tomada em sede e por conta da última Reforma da Administração Pública, vertida em letra e forma de lei nos arts. 9º, 10º, 20º, 88º, 114º e 117º da Lei nº 12-A/2008, de 27 de Fevereiro, que definiu e regulou «os regimes de vinculação, de carreiras e de remunerações dos trabalhadores que exercem funções públicas», determinou-se o seguinte:

1. Que a partir da data da entrada em vigor daquela lei, a saber 1 de Janeiro de 2009, todos os trabalhadores que viessem a ser admitidos «para o exercício de cargos» não «abrangidos pela alínea a) do nº 4 do artigo 9º» ou para o exercício «de funções em carreiras cujo conteúdo funcional se» não inserisse no âmbito das atividades típicas de soberania e autoridade «referidas no artigo 10º» da LVCR o seriam por via do contrato de trabalho em funções públicas, que passou assim a ser a modalidade regra de constituição da relação jurídica de emprego público (artº 117º, nº 2, als. a) e b) da LVCR);

2. Que os trabalhadores nomeados antes de 1 de Janeiro de 2009 que exercessem funções em condições diferentes das referidas no art. 10º da LVCR transitavam, «sem outras formalidades, para a modalidade de contrato de trabalho» em funções públicas por tempo indeterminado, mantendo, contudo, «os regimes de cessação da relação jurídica de emprego público e de reorganização de serviços e colocação de pessoal em situação de mobilidade especial próprios da nomeação definitiva...» (artº 88º, nº 4 da LVCR), bem como «o regime de proteção social de que vinham beneficiando, sem prejuízo da sua convergência com os regimes do sistema de segurança social...» (artº 114º, nº 2 da LVCR; vd. artº 19º da Lei nº 59/2008, de 11 de Setembro).

Durante a fase de negociação da proposta de diploma sobre vínculos, carreiras e remunerações os sindicatos manifestaram, de forma veemente, o seu desagrado e oposição quanto a esta última intenção do Governo de proceder à transição, e transformação do vínculo de nomeação, dos trabalhadores que já se encontravam nomeados para o regime de contrato de trabalho em funções públicas por tempo indeterminado. Foi então que o Governo, com o presumível objetivo de procurar amaciar esta contestação sindical, resolveu manter partes dos regimes jurídicos que caracterizavam a figura da nomeação dos trabalhadores nomeados que transitaram para a situação de contratados a tempo indeterminado. Ao fazê-lo, o legislador da LVCR acabou assim por **autonomizar, e distinguir, no seio dos trabalhadores com contrato de trabalho de funções públicas por tempo indeterminado uma nova categoria ou espécie destes trabalhadores, a saber, a dos trabalhadores nomeados antes de 1 de Janeiro de 2009 que, pelo facto de não exercerem funções de soberania e de autoridade, transitaram para a modalidade de contrato de trabalho»** em funções públicas por tempo indeterminado. A sua autonomização dos demais resulta assim do facto de, ao contrário destes, se lhes continuarem a aplicar os anteriores regimes em matéria:

a) **De cessação da relação jurídica de emprego público** – isto é, a respetiva relação jurídica de emprego público só cessa nos casos de conclusão sem sucesso do período experimental, de exoneração a pedido do trabalhador, por mútuo acordo, por aplicação de pena de demissão, por morte ou então por aposentação (eram estas as causas de cessação da relação jurídica de emprego público previstas no regime anterior, e que então transitaram para o artº 32º, nº 1 da LVCR); como consequência disto, ficaram estes trabalhadores excecionados da aplicação das figuras do despedimento colectivo ou do despedimento por extinção do posto de trabalho previstas no artº 33º, nº 3 da LVCR, bem como da cessação aplicáveis aos demais trabalhadores contratados;

b) **De reorganização de serviços e colocação de pessoal em situação de mobilidade especial próprias da nomeação** (artº 88º, nº 4 da LVCR) – poupando-os, deste modo, das consequências mais nefastas do regime jurídico da mobilidade, agora rebatizado de requalificação (arts. 258º e ss da LTFP); assim, só estes traba-

lhadores, à semelhança do que se prevê para os trabalhadores nomeados, é que são abrangidos pela segunda fase do processo de requalificação, não vendo assim pura e simplesmente cessada a sua relação jurídica de emprego público como acontece com os demais trabalhadores contratados por tempo indeterminado (artº 259º, nºs 1 e 2 da LTFP);
c) **De proteção social** (artº 114º, nº 2 da LVCR) – através da manutenção do respetivo regime de proteção social de que vinham beneficiando até aí, nomeadamente no âmbito da Caixa Geral de Aposentações e da ADSE.

Este quadro legal excecional foi mantido e respeitado com a publicação da nova LTFP.

14. A comissão de serviço. Produção de efeitos

A comissão de serviço é, como vimos, outra das modalidades de constituição de um vínculo de emprego público, a que se recorre quando se trata do exercício de cargos dirigentes ou de funções destinadas «à aquisição de formação específico, habilitação académica ou título profissional por trabalhador com vínculo de emprego público por tempo indeterminado» (artº 9º, nº 1 da LTFP).

Ao contrário do artº 23º, nº 1 da LVCR, que estipulava que a comissão de serviço tinha a duração de 3 anos, podendo ser sucessivamente renovada por iguais períodos, no artº 9º da LTFP nada se diz a este respeito. Não obstante isto, é da natureza da comissão de serviço ter uma duração determinada ou determinável, pelo que, neste contexto, no que toca ao exercício dos cargos dirigentes esta comissão de serviço terá a duração prevista no Estatuto do Pessoal Dirigente, aprovado pela Lei nº 2/2004, de 15 de janeiro, ao passo que nos casos a que se refere a al. b) deste artº 9º a comissão deverá ter uma duração correspondente ao período de tempo das funções exercidas e legalmente exigidas com vista à aquisição da formação específica, habilitação académica ou título profissional exigida por trabalhador com vínculo de emprego público por tempo indeterminado.

Não obstante inexistir na LTFP uma norma expressa semelhante à que constava no artº 23º nº 3 da LVCR, deve entender-se também aqui que o tempo de serviço decorrido em comissão de serviço releva para efeitos de carreira, categoria e posição remuneratória às quais o trabalhador regresse na função pública por força da legislação específica aplicada às situações previstas naquele artº 9º, nº 1, als. a) e b) (vd. artº 11º da LTFP).

«Na falta de norma especial, aplica-se à comissão de serviço a regulamentação prevista para o vínculo de emprego público de origem e, quando este não exista, a regulamentação prevista para os trabalhadores contratados» (artº 9º, nº 2 da LTFP).

Resulta daqui que se o trabalhador designado em comissão de serviço tiver um vínculo jurídico de emprego público constituído por nomeação, será este o regime aplicável subsidiariamente. No caso deste vínculo do trabalhador em funções públicas ser constituído por contrato, ou do trabalhador não possuir qualquer vínculo público, aplicar-se-lhe-á então subsidiariamente o regime do contrato. Porém, esta aplicação subsidiária deve ser feita com cautela, *cum grano salis*, de forma a não subverter a natureza de ato administrativo unilateral da comissão de serviço. Significa isto em concreto que a comissão de serviço exige de per si, independentemente do regime jurídico de origem do designado, que a sua formalização seja feita por despacho e haja lugar ao subsequente ato público, pessoal e solene de aceitação, com prestação de um compromisso de honra inclusive, devendo seguir-se assim aqui de perto o disposto nos arts. 41º a 44º da LTFP. É preciso ter em conta também que nem todas normas dos regimes jurídicos de nomeação e de contrato mandadas aplicar subsidiariamente por força do disposto no artº 9º, nº 2 da LTFP se ajustam à natureza e características próprias da comissão de serviço, devendo assim aplicar-se apenas aquelas que se mostrarem conformes com ela. Daí entendermos dever a comissão de serviço se iniciar sempre com a assinatura do termo formal e solene da aceitação (com a publicação e entrada em vigor da LTFP deixou-se de exigir o termo de posse) e não lhe ser aplicável as normas respeitantes ao período experimental, porquanto circunscritas expressamente às figuras da nomeação e do contrato (artº 45º, nº 1 da LTFP).

«Na falta de disposição em contrário, a comissão de serviço pode ser denunciada com a antecedência mínima de 30 dias» (artº 289º, nº 4 da LTFP).

«Quando o vínculo de emprego público se constitua por comissão de serviço (...), o trabalhador tem o direito de optar, a todo o tempo, pela remuneração base devida na situação jurídico-funcional de origem que esteja constituída por tempo indeterminado» (artº 154º, nº 1 da LTFP).

Esta modalidade de constituição de uma relação jurídica de emprego público, à semelhança das outras duas anteriormente referidas, repercute-se sobre o conjunto de direitos e deveres dos trabalhadores que exercem funções públicas, variando este conjunto de direitos e deveres consoante estejamos perante trabalhadores nomeados, contratados ou em comissão de serviço.

Uma vez que a comissão de serviço se apresenta como uma modalidade de constituição da relação jurídica de emprego público que se apresenta com um âmbito de aplicação mais específico, restrito às situações taxativamente enunciadas no artº 9º, nº 1 da LTFP, que extravasam pois objecto deste trabalho, centraremos doravante a nossa atenção nas figuras da nomeação e contrato de trabalho em funções públicas, identificando pois o conjunto de direitos e deveres que as caracterizam.

15. Os Direitos dos trabalhadores que exercem funções públicas nomeados e contratados

Como tivemos oportunidade de referir anteriormente, com a constituição da relação jurídica de emprego público surge na esfera jurídica dos trabalhadores que exercem funções públicas, sejam eles nomeados, definitiva ou transitoriamente, ou contratados, a título indeterminado ou a termo resolutivo, certo ou incerto, um conjunto relevante de direitos e deveres que importa enunciar e analisar.

Ao contrário do que acontece em matéria de deveres, não existem direitos comuns a todos os trabalhadores que exercem funções públicas condensados num único preceito legal. Não obstante isto, sob a designação de deveres do empregador público e garantias do trabalhador, registou-se um assinalável esforço legislativo de condensação destes direitos, ensaiado nos arts. 86º a 90º do Anexo I – Regime, do RCTFP, aprovado pela Lei nº 59/2008, de 11 de setembro, e confirmado nos arts. 70º a 72º da LTFP, integrados no *Capítulo I – Direitos, deveres e garantias do trabalhador e do empregador público*. Pela novidade e importância destes preceitos, transcrevemo-los de seguida:

Artigo 70º
Deveres gerais do empregador público e do trabalhador
1 – O empregador público e o trabalhador, no cumprimento das respetivas obrigações, assim como no exercício dos correspondentes direitos, devem proceder de boa fé.

2 – O empregador público e o trabalhador devem colaborar na obtenção da qualidade de serviço e da produtividade, bem como na promoção humana, profissional e social do trabalhador.

Artigo 71º
Deveres do empregador público

1 – Sem prejuízo de outras obrigações, o empregador público deve:

a) Respeitar e tratar com urbanidade e probidade o trabalhador;

b) Pagar pontualmente a remuneração, que deve ser justa e adequada ao trabalho;

c) Proporcionar boas condições de trabalho, tanto do ponto de vista físico como moral;

d) Contribuir para a elevação do nível de produtividade do trabalhador, nomeadamente proporcionando-lhe formação profissional;

e) Respeitar a autonomia técnica do trabalhador que exerça atividades cuja regulamentação ou deontologia profissional a exija;

f) Possibilitar o exercício de cargos em organizações representativas dos trabalhadores;

g) Prevenir riscos e doenças profissionais, tendo em conta a proteção da segurança e saúde do trabalhador, devendo indemnizá-lo dos prejuízos resultantes de acidentes de trabalho;

h) Adotar, no que se refere à segurança e saúde no trabalho, as medidas que decorram, para o órgão ou serviço ou atividade, da aplicação das prescrições legais e convencionais vigentes;

i) Fornecer ao trabalhador a informação e a formação adequadas à prevenção de riscos de acidente e doença;

j) Manter permanentemente atualizado o registo do pessoal em cada um dos seus órgãos ou serviços, com indicação dos nomes, datas de nascimento e admissão, modalidades de vínculo, categorias, promoções, remunerações, datas de início e termo das férias e faltas que impliquem perda da remuneração ou diminuição dos dias de férias.

2 – O empregador público deve proporcionar ao trabalhador ações de formação profissional adequadas à sua qualificação, nos termos de legislação especial.

Artigo 72º
Garantias do trabalhador

1 – É proibido ao empregador público:

a) Opor-se, por qualquer forma, a que o trabalhador exerça os seus direitos, bem como aplicar-lhe sanções disciplinares ou tratá-lo desfavoravelmente por causa desse exercício;

b) Obstar, injustificadamente, à prestação efetiva do trabalho;

c) Exercer pressão sobre o trabalhador para que influencie desfavoravelmente nas condições de trabalho próprias ou dos colegas;

d) Diminuir a remuneração, salvo nos casos previstos na lei;

e) Baixar a categoria do trabalhador, salvo nos casos previstos na lei;

f) Sujeitar o trabalhador a mobilidade, salvo nos casos previstos na lei;

g) Ceder trabalhadores do mapa de pessoal próprio para utilização de terceiros que sobre esses trabalhadores exerçam os poderes de autoridade e direcção próprios do empregador público ou por pessoa por ela indicada, salvo nos casos especialmente previstos;

h) Obrigar o trabalhador a adquirir bens ou a utilizar serviços fornecidos pelo empregador público ou por pessoa por ele indicada;

i) Explorar, com fins lucrativos, quaisquer cantinas, refeitórios, economatos ou outros estabelecimentos directamente relacionados com o trabalho, para fornecimento de bens ou prestação de serviços aos trabalhadores;

j) Fazer cessar o contrato e readmitir o trabalhador, mesmo com o seu acordo, havendo o propósito de o prejudicar em direitos ou garantias decorrentes da antiguidade.

2 – Os trabalhadores têm o direito de frequentar ações de formação e aperfeiçoamento necessárias ao seu desenvolvimento profissional.

Os trabalhadores que exercem funções públicas, sejam eles nomeados ou contratados, possuem assim um número apreciável de direitos, sendo, porém, necessário procurá-los em preceitos e até diplomas dispersos. É, contudo, no **direito à remuneração** como contrapartida pelo cumprimento do **dever de prestação efetiva de serviço por parte do trabalhador** ao respetivo empregador público, que se encontra a essência do conjunto de direitos e deveres que caracterizam a relação jurídica de emprego público, da qual derivam todos os demais direitos e deveres dos trabalhadores que exercem funções públicas. O **direito à carreira,** não obstante se tratar de um direito específico dos trabalhadores com um vínculo laboral definitivo, merece-nos aqui destaque especial, pela importância que assume na própria caracterização do nosso sistema administrativo de carreira e pela estabilidade que empresta à respetiva relação jurídica de emprego público. Comecemos, pois, por ele!

A) – O direito à carreira – é a possibilidade dada apenas aos trabalhadores nomeados a título definitivo e com contrato de trabalho em funções públicas indeterminado de integrarem uma determinada carreira e de nela progredirem e ascenderem nas respetivas categorias ou posições remuneratórias superiores de acordo com o tempo de serviço e mérito evidenciados e exigidos por lei, desde que esteja previamente assegurada a existência do devido cabimento orçamental para esse efeito. **Trata-se**, como se vê, **de um direito exclusivo dos trabalhadores nomeados definitivamente e contratados por tempo indeterminado**, uma vez que a respetiva nomeação e contrato os investe numa relação jurídica de emprego público estável e duradoura que os integra numa carreira e lhes confere o direito legal de nela acederem (artº 79º, nº 1 da LTFP; vd. a propósito os arts. 48º, 84º a 88º e Anexo da LTFP). Socorrendo-nos e adaptando aqui conceitos utilizados por João Alfaia na sua obra «Conceitos Fundamentais do Regime Jurídico do Funcionalismo Público», Vol. I, Almedina, 1985, a páginas 57 e seguintes, podemos afirmar que este direito à carreira se consubstancia na figura jurídica da **progressão,** *entendida como o preenchimento de uma categoria ou posição remuneratória superior por um trabalhador que ocupava categoria ou posição imediatamente inferior da mesma carreira, determinado pela satisfação dos requisitos de tempo e classificação de serviço exigidos por lei para a efetivação do direito de acesso.* A progressão constitui-se, deste modo, não só como um facto modificativo da relação jurídica de emprego público, mas também como uma espécie de prémio e estímulo pelo bom desempenho dos trabalhadores que exercem funções públicas. O **direito de acesso** *surge-nos, por seu turno, como a suscetibilidade, no sentido mais de expetativa jurídica do que propriamente de direito subjetivo, que os trabalhadores nomeados definitivamente e os trabalhadores contratados a título indeterminado possuem de ascenderem sucessivamente a categorias e posições remuneratórias mais elevadas da sua carreira, quando exerçam as suas funções com mérito durante o período de tempo legalmente exigido de permanência na categoria ou posição remuneratória imediatamente inferior.* Excluem-se, assim, deste direito os trabalhadores nomeados transitoriamente e os contratados a termo resolutivo, certo ou incerto.

Na sequência da publicação da LVCR, que deu início à última Reforma da Administração Pública, procedeu-se, através do Dec. – Lei nº 121/2008, de 11 de julho, à extinção de 1716 carreiras que enxameavam a nossa função pública, integrando-se os respetivos trabalhadores em três carreiras de regime geral e nalgumas carreiras de regime especial entretanto criadas. As que não tiveram esse destino foram identificadas e mantidas como carreiras e categorias subsistentes por força do disposto no artº 8º e Mapa VII do Dec. – Lei nº 121/2008, de 11 de julho. A eliminação daquela panóplia de carreiras trouxe indiscutíveis vantagens para a Administração Pública, nomeadamente pela maior transparência, simplificação, celeridade e agilização que emprestou aos procedimentos administrativos internos em matéria de gestão de pessoal da função pública.

De acordo com a LTFP as carreiras na Administração Pública organizam-se em:

a) **Carreiras gerais** – são aquelas «cujos conteúdos funcionais caracterizam postos de trabalho de que a generalidade dos órgãos e serviços carece para o desenvolvimento das respetivas atividades» (artº 84º, nº 2 da LTFP); a enumeração e caraterização das carreiras de regime geral constam do artº 88º da LTFP e do respetivo Anexo; são elas as de Técnico Superior, Assistente Técnico e Assistente Operacional (nº 1);

b) **Carreiras especiais** – são «as carreiras cujos conteúdos funcionais caracterizam postos de trabalho de que apenas um ou alguns órgãos ou serviços carecem para o desenvolvimento das respetivas atividades» (artº 84º, nº 3 da LTFP); a criação destas carreiras especiais depende da satisfação cumulativa dos 3 requisitos enunciados no artº 84º, nº 4 da LTFP, a saber:
   1. Que «os respetivos conteúdos funcionais não possam ser absorvidos pelos conteúdos funcionais das carreiras gerais»;
   2. Que «os respetivos trabalhadores se devam sujeitar a deveres funcionais mais exigentes que os previstos para os das carreiras gerais», caso das carreiras inspetivas; e
   3. Que «os respetivos trabalhadores tenham que ter aprovação em curso de formação específico de duração não inferior a seis meses ou deter certo grau académico ou de certo título profissional para integrar a carreira».

Por seu turno, as carreiras gerais ou especiais podem ainda ser:

a) **Quanto ao número de categorias:**

I – **Carreiras unicategoriais** – são as carreiras que têm apenas uma única categoria;

II – **Carreiras pluricategoriais** – são aquelas que se desdobram em mais do que uma categoria (artº 85º, nºs 1 e 2 da LVCR);

b) **Quanto à titularidade do nível habilitacional em regra exigido para integração em cada carreira:**

I – **Carreiras de grau de complexidade funcional 1** – quando se exija a titularidade da escolaridade obrigatória ainda que acrescida de formação profissional adequada;

II – **Carreiras de grau de complexidade funcional 2** – quando se exija a titularidade do 12º ano de escolaridade ou de curso que lhe seja equiparado;

III – **Carreiras de grau de complexidade funcional 3** – quando se exija a titularidade de licenciatura ou de grau académico superior a esta (artº 88º, nº 1 da LTFP).

Note-se que «apenas podem ser criadas carreiras pluricategoriais quando a cada uma das categorias da carreira corresponda um conteúdo funcional distinto do das restantes» (arts. 85º, nº 2 da LTFP).

Por seu turno, **a cada categoria**, seja ela de carreira geral ou especial, unicategorial ou pluricategorial, **corresponde um número variável de posições remuneratórias**, determinável de acordo com as regras fixadas no artº 87º da LTFP. Ora, é precisamente nesta variedade crescente de posições remuneratórias que integram cada categoria de uma carreira ou a própria carreira que o direito à carreira faz sentido e tem lógica.

A efetivação do direito à carreira, ou melhor, o acesso às posições remuneratórias que integram e constituem a própria carreira, depende, assim, **da satisfação cumulativa de dois requisitos legais**, a saber:

a) **Da prestação de um tempo de serviço mínimo na posição remuneratória imediatamente anterior;**
b) **Do mérito aí evidenciado.**

Mas para além destes requisitos inerentes à própria carreira do trabalhador que exerce funções públicas, um **terceiro requisito** externo é exigido por lei para a efetivação daquele direito, a saber, **o da necessidade da existência do correspondente cabimento orçamental**.

Quanto à alteração do posicionamento remuneratório, em que se traduz o direito à carreira, **efetua-se ela por uma de três formas** (vd. artº 91º da LTFP):

I – Por opção gestionária (artº 156º, nºs 1 a 6 da LTFP) – verificada a existência de verba para o efeito, há lugar a alteração do posicionamento remuneratório do trabalhador por vontade política gestionária do dirigente máximo do órgão e serviço a partir do momento que este decide prever a necessária dotação orçamental para suportar os encargos decorrentes da referida alteração do posicionamento remuneratório na carreira do trabalhador que tenha obtido, «nas últimas avaliações do seu desempenho referido às funções exercidas durante o posicionamento remuneratório em que se» encontra:

a) Uma menção máxima;
b) Duas menções consecutivas imediatamente inferiores às máximas; ou
c) Três menções consecutivas imediatamente inferiores às referidas na alínea anterior, desde que consubstanciem desempenho positivo.

(artº 156º, nº 2 da LTFP)

Por aqui se vê que o direito de acesso na carreira é fortemente condicionado pelas avaliações finais de desempenho do trabalhador, atribuídas com base no Sistema Integrado de Gestão e Avaliação do Desempenho na Administração Pública, SIADAP, aprovado pela Lei nº 66-B/2007, de 28 de dezembro. Mas há ainda a salientar a este propósito a existência de um outro condicionamento resultante do disposto no artº 75º, nº 1 deste último diploma legal, que estipula uma diferenciação de desempenhos «garantida pela fixação da percentagem máxima de 25% para as avaliações finais qualitativas de desempenho Relevante e, de entre estas, 5% do total dos trabalhadores para o reconhecimento de desempenho de Excelente». Daqui tem resultado o entendimento de que o dirigente máximo do serviço apenas pode atribuir a nota de Relevante a 20% dos seus trabalhadores, na medida em que os remanescentes 5% se encontram reservados para o Excelente. Estas percentagens máximas fixadas por lei para os desempenhos mais elevados não só não podem ser ultrapassadas pelos respetivos dirigentes máximos do serviço, como a própria lei lhes comete a competência, e concomitante responsabilidade, de assegurar o seu estrito cumprimento (artº 75º, nº 4). Contudo, uma vez que tais percentagens se constituem fundamentalmente como limites máximos, significa isto que os dirigentes em apreço não estão assim, nem de perto nem de longe, obrigados a esgotá-las. Quanto ao desempenho Adequado o dirigente máximo do serviço não está sujeito a qualquer limite, podendo assim atribuí-lo, se tal for o caso, a todo o universo dos seus trabalhadores. No caso das propostas de avaliação com menções de Relevante ou Excelente, apresentadas pelo avaliador ao Conselho Coordenador de Avaliação para validação, ultrapassarem as respetivas quotas máximas (arts. 56º, 58º, 60º e 69º do SIADAP), ou no caso do previsível esgotamento do montante máximo dos encargos fixado para o universo das carreiras e categorias onde as alterações do posicionamento remuneratório na categoria podem ter lugar, não há pura e simplesmente lugar a qualquer alteração do posicionamento remuneratório relativamente àqueles trabalhadores que, na ordem decrescente da classificação quantitativa obtida na última avaliação do seu desempenho, ultrapassarem aqueles limites (artº 47º, nºs 2 a 4 do SIADAP).

A finalizar, chama-se a atenção para o facto de as Regiões Autónomas dos Açores e da Madeira possuírem diplomas regionais próprios de avaliação do desempenho dos respetivos trabalhadores, pelo que se aconselha a sua consulta com vista à consequente adequação daquilo que ficou dito anteriormente às suas realidades específicas.

II – Por obrigatoriedade legal – «há lugar a alteração obrigatória para a posição remuneratória imediatamente seguinte àquela em que o trabalhador se encontra, quando a haja, independentemente dos universos definidos nos termos do artigo 158º, quando o trabalhador, na falta de lei especial em contrário, tenha acumulado 10 pontos nas avaliações do desempenho referido às funções exercidas durante o posicionamento remuneratório em que se encontra, contados nos seguintes termos:
  a) Seis pontos por cada menção máxima (Excelente);
  b) Quatro pontos por cada menção imediatamente inferior à máxima (Relevante);
  c) Dois pontos por cada menção imediatamente inferior à referida na alínea anterior, desde que consubstancie desempenho positivo (Adequado);
  d) Dois pontos negativos por cada menção correspondente ao mais baixo nível de avaliação (Inadequado)».
(artº 156º, nº 7 da LTFP)

Neste caso, de uma permanência longa no posicionamento remuneratório da respetiva categoria, o trabalhador tem direito à alteração obrigatória para a posição remuneratória imediatamente seguinte a partir do momento em que perfaça ou acumule aqueles 10 pontos ou créditos por via das avaliações anteriores do seu desempenho, sendo o órgão ou serviço obrigado a prever e a cativar no orçamento desse ano as verbas necessárias para suportar os encargos decorrentes desta alteração do posicionamento remuneratório.

III – Por exceção – no artº 157º da LTFP prevê-se a possibilidade de alteração excecional do posicionamento remuneratório do trabalhador, isto é, admite-se aqui que possa haver lugar a uma alteração do posicionamento remuneratório à margem das regras normais de progressão previstas no artº 156º do mesmo diploma; concretizando, naquele preceito prevêem-se duas situações distintas de alteração excecional do posicionamento remuneratório do trabalhador, a saber:
  a) A do nº 1 do artº 157º da LTFP, através do qual se dá ao «dirigente máximo do órgão ou serviço» a possibilidade de, «ouvido o Conselho Coordenador da Avaliação ou o órgão com competência equiparada, alterar o posicionamento remuneratório de trabalhador para a posição remuneratória imediatamente seguinte àquela em que ele se encontra, mesmo que não se encontrem reunidos os requisitos previstos no nº 2 do artigo anterior, desde que o trabalhador tenha obtido a menção máxima ou imediatamente inferior e se inclua nos universos definidos para a alteração de posicionamento remuneratório nos termos e limites do artigo anterior» (artº 157º, nº 1 da LTFP);
  b) A do nº 2 deste mesmo artº 157º, em que se admite já a possibilidade do dirigente máximo do órgão e serviço de, «ouvido o Conselho Coordenador da Avaliação ou o órgão com competência equiparada, determinar que a alteração do posicionamento na categoria do trabalhador se opere para qualquer outra posição remuneratória seguinte àquele em que se encontra, desde que o trabalhador esteja incluído no universo de trabalhadores incluídos para alteração de posicionamento remuneratório e nos termos e limites fixados no artigo anterior».

Estas duas situações de exceção, ao afastarem deliberadamente as regras normais de progressão na carreira, acabam por constituir em última instância uma perigosa subversão do sistema de carreira que carateriza e sustenta a nossa função pública, pelo facto do seu uso, e principalmente abuso, permitir o surgimento de situações extraordinárias, discricionárias e incompreensíveis de acesso na carreira permeáveis à cunha e ao favorecimento pessoal na gestão dos recursos humanos no interior da Administração Pública em detrimento do princípio da competência.

B) – O direito à titularidade do posto do trabalho – anteriormente falava-se em direito à titularidade do lugar do quadro; com a entrada em vigor da LVCR deixou-se cair os conceitos de lugar e quadro, tendo sido substituídos pelos de posto de trabalho e mapa, respetivamente; não obstante esta substituição traduzir uma relativa cedência à visão que tende a encarar e a conceber a organização e o funcionamento da Administração Pública como se de uma empresa fosse, visão que conduziu a uma debilitação das tradicionais características de estabilidade e segurança que informavam a relação ou vínculo jurídico de emprego público, quanto aos trabalhadores nomeados definitivamente e contratados a título indeterminado é-nos possível continuar a falar aqui de um direito à titularidade, só que agora referenciado ao posto de trabalho e ao mapa de pessoal (arts. 28º a 31º da LTFP); apesar da LVCR e, agora, a LTFP, nomeadamente no seu artº 29º, nº 7, apontar para uma degradação da estabilidade e segurança que caracterizam a relação jurídica de emprego público definitiva e/ou indeterminada, aqueles trabalhadores mantêm ainda aqui um direito relativamente forte à titularidade do posto de trabalho que ocupam e vem previsto no respetivo mapa de pessoal, traduzível no facto de eles serem dos últimos trabalhadores a verem a sua relação jurídica de emprego público cessada no caso de se verificar um número excessivo de trabalhadores em funções (artº 251º, nº 9 da LTFP). Entendemos aqui, à semelhança do defendido por João Alfaia na sua obra «Conceitos Fundamentais do Regime Jurídico do Funcionalismo Público», Vol. I, Almedina, 1985, a página 478, que este direito à titularidade do posto de trabalho «não abrange, em princípio, o conteúdo concreto do cargo respetivo (posto de trabalho) nem a designação da categoria e a localidade de desempenho de função – pois, de outro modo, seria impossível não só reformar como até gerir a grande máquina da Administração Pública». E acrescentava, em abono da sua opinião, que, «segundo o Professor Marcello Caetano, *"quando a lei altere a categoria do lugar entende-se que não* *pode fazê-lo de modo que corresponda menor vencimento à nova categoria, pois isso importaria uma degradação ou baixa de posto".* Concluía afirmando que, «mesmo na hipótese da mudança de *lugar (entenda-se hoje, posto de trabalho)* tem de ser salvaguardada a ideia de cargo como conjunto de funções abstratas ligadas a uma certa formação escolar ou profissional. O *funcionário ou agente* (atualmente designado por trabalhador que exerce funções públicas) poderá mudar de conteúdo concreto de funções; mas conservar-se-á na área daquelas que profissionalmente lhe devem competir». Esta doutrina sobre o conteúdo profissional do trabalhador encontrou acolhimento legal nos arts. 74º e, principalmente, 79º a 82º da LTFP.

Tendo em conta a transitoriedade e precariedade do seu vínculo de emprego público, pode-se afirmar que este direito inexiste quanto aos trabalhadores nomeados transitoriamente e contratados a termo, cujas funções são exercidas assim apenas com «referência a uma categoria integrada numa carreira» (artº 79º, nº 2 da LTFP).

Por força dos requisitos anteriormente enunciados exigidos por lei para a efetivação do direito à carreira, o trabalhador que exerce funções públicas nomeado definitivamente ou contratado a tempo indeterminado vê surgir na sua esfera jurídica mais dois direitos funcionais, a saber, o **direito à contagem do tempo de serviço prestado** e o **direito à classificação de serviço.**

Não obstante a ligação estreita existente entre estes dois últimos direitos e o direito à carreira, dependendo a efetivação deste da satisfação prévia daqueles, certo é que eles se assumem como direitos próprios e autónomos a partir do momento em que a lei os reconhece e atribui a todos os trabalhadores que exercem funções públicas independentemente da natureza definitiva ou precária do respetivo vínculo laboral. Vejamo-los, pois, de seguida!

C) – O direito à contagem do tempo de serviço – com a constituição da relação ou vínculo de emprego público, o trabalhador que exerce funções públicas, nomeado, definitiva ou transitoriamente, ou contratado, por tempo indeterminado ou a termo resolutivo, certo ou incerto, assume o dever de trabalhar, isto é, de prestar o seu serviço efetivo ao empregador público de forma assídua e pontual, tendo, como contrapartida, o direito à contagem do respetivo tempo de serviço para os efeitos que decorrem da lei. Neste direito abarcam-se, pois, duas realidades ou direitos distintos que se encontram de tal modo interligados que quase se fundem entre si, a saber, o **direito ao trabalho**, que consiste, mais do que emprego, na atribuição de trabalho efetivo e concreto ao trabalhador (artº 58º da CRP; vd. artº 72º, nº 1, al. b) da LTFP), e o **direito propriamente dito à contagem do tempo de serviço para efeitos de antiguidade** (vd. arts. 71º, nº 1, al. j) e 104º da LTFP).

É a lei, a este propósito, que prevê e determina o que é a prestação de serviço efetivo e quais as situações de ausência legítima a ela equiparadas que atribuem ao trabalhador o direito à contagem do respetivo período de tempo como tempo de antiguidade no serviço. Esta contagem opera-se de várias formas consoante o fim que se destina. Assim, temos a referenciar a:

a) *Contagem de serviço para efeitos de antiguidade na carreira/categoria* – que abrange não só a situação em que há lugar a uma prestação efetiva de serviço como também todas aquelas situações de ausência legítima ao serviço equiparadas por lei a prestação efetiva de serviço, legalmente releváveis para efeitos de alteração do posicionamento remuneratório na carreira/categoria (arts. 156º a 158º da LTFP); esta contagem opera só em relação aos trabalhadores que possuam um vínculo de emprego público constituído por nomeação definitiva ou por contrato de trabalho em funções públicas indeterminado;

b) *Contagem de tempo de serviço para efeitos de antiguidade para aposentação* – que coincide, em princípio, com o tempo de serviço em que o trabalhador é subscritor da Caixa Geral de Aposentações ou da Segurança Social, exceptuando-se aqui as situações das faltas injustificadas e de licenças sem vencimento.

É, pois, pelo facto da lei fazer depender desta contagem de tempo de serviço certos e determinados efeitos e consequências legais, que afetam a esfera jurídica dos trabalhadores que exercem funções públicas, que essa mesma contagem se assume de per si como um direito destes trabalhadores.

Sobre a contagem do tempo de serviço para os diversos efeitos de antiguidade vejam-se os arts. 11º, 40º, nº 3, 44º, 48º, nº 2, als. a) e b), 50º, 101º, 128º a 135º, 156º a 158º, 280º e 281º da LTFP.

D) – O direito à classificação de serviço – uma vez que o direito de acesso na carreira por parte do trabalhador depende da excelente, relevante, adequada ou inadequada qualidade do serviço por ele prestado, a classificação positiva desse seu desempenho de serviço assume-se assim como um direito sine qua non aquele primeiro direito não se pode efetivar. Daí afirmar-se que o trabalhador possui também o direito à classificação de serviço, reconhecendo-se-lhe assim aqui a possibilidade de o mesmo exigir ao empregador público que aprecie e classifique legal e oportunamente a qualidade do serviço por ele prestado. Caso contrário, arrisca-se a ficar sem uma avaliação anual do seu desempenho e, assim, a ter aquilo que designamos de *buraco negro* na sua carreira profissional, isto é, a ter um período de tempo, agora bianual, que em nada conta ou releva para efeitos de progressão profissional prevista no artº 156º, nº 1 da LTFP, buraco este tanto mais grave pelo facto dele, pela interrupção que constitui à consecutividade de tempo legal exigida para a efetivação daquela progressão, conduzir à não contagem do tempo de serviço anterior para efeitos daquela mesma progressão.

Conforme referimos anteriormente, o regime jurídico sobre a avaliação do desempenho dos trabalhadores que exercem funções públicas encontra-se consubstanciado na Lei nº 66-B/2007, de 28 de Dezembro, sob a designação de Sistema Integrado de Gestão do Desempenho na Administração Pública, SIADAP. Neste regime regula-se o procedimento administrativo no âmbito do SIADAP, prevendo-se aí uma série de direitos procedimentais dos trabalhadores que exercem funções públicas que importa enunciar de imediato, a saber:

1. Direito a que lhes sejam garantidos os meios e condições necessários ao seu desempenho em harmonia com os objetivos e resultados que tenham contratualizado (artº 57º, nº 1, al. a) do SIADAP);

2. Direito à avaliação do seu desempenho (artº 57º, nº 1, al. b) do SIADAP), com a observância das regras e formalidades previstas pela respetiva legislação, o que implica, entre outras coisas, a assunção por parte do avaliado de um segundo nível de direitos instrumentais, que se consubstanciam simultaneamente como deveres, que se passam a referir de seguida:

I – Direito de participação no procedimento administrativo – aqui assumido sob a vestes de um dever «do avaliado de proceder à respetiva auto-avaliação como garantia de envolvimento ativo e responsabilização no processo avaliativo» (arts. 57º, nº 2 e 63º do SIADAP);

II – Direito à negociação com o avaliador da fixação dos objetivos e competências que constituem parâmetros de avaliação e respetivos indicadores de medida – também aqui abordado na perspetiva de dever do trabalhador (arts. 57º, nº 2, 66º a 68º do SIADAP).

3. Direito à aplicação e divulgação, em tempo útil, do sistema de avaliação, garantindo-se o cumprimento dos seus princípios (artº 57º, nº 3 e, ainda, o artº 5º do SIADAP);

4. Direito ao conhecimento dos objetivos, fundamentos, conteúdos e funcionamento do sistema de avaliação (artº 57º, nº 4 do SIADAP);

5. Direito do interessado ao conhecimento da respetiva avaliação (arts. 70º e 71º do SIADAP);

6. Direito de serem eleitos como vogais representantes dos trabalhadores na comissão paritária (artº 59º do SIADAP);

7. Direito à monitorização dos desempenhos (artº 74º do SIADAP);

8. Direito da sua proposta de avaliação ser submetida a apreciação da comissão paritária (artº 70º do SIADAP);

9. Direito à publicidade – «as menções qualitativas e respetiva quantificação quando fundamentam, no ano em que são atribuídas, a mudança de posição remuneratória na carreira ou a atribuição de prémio de desempenho são objecto de publicitação, bem como as menções qualitativas anteriores que tenham sido atribuídas e que contribuam para tal fundamentação» (artº 44º, nº 1 do SIADAP); assim, os desempenhos de Excelente e Relevante devem ser do conhecimento de todos os avaliados (artº 75º, nº 3 do SIADAP);

10. Direito à confidencialidade – tirando os casos de publicitação obrigatória previstos na lei, o trabalhador avaliado tem direito à confidencialidade de todos os procedimentos relativos à avaliação do seu desempenho, «devendo os instrumentos de avaliação de cada trabalhador ser arquivados no respetivo processo individual», incumbindo aos demais intervenientes no processo ou que a ele tenham acesso por força das suas funções o correspondente dever de sigilo (artº 44º, nºs 2 e 3 do SIADAP);

11. Garantia de recurso – consubstanciado no direito de reclamação, de recurso e de impugnação jurisdicional (arts. 57º, nº 5, 72º e 73º do SIADAP).

Note-se que o que ficou atrás dito aplica-se «cum grano salis» aos trabalhadores que exercem funções públicas nas Regiões Autónomas dos Açores e da Madeira com as adaptações introduzidas pelos regimes legais regionais constantes do DLR nº 41/2008/A, de 27 de agosto, alterado pelo DLR nº 17/2009/A, de 14 de outubro e pelo DLR nº 33/2010/A, de 18 de novembro, e do DLR nº 27/2009/M, de 21 de agosto, respetivamente.

E) – O direito à remuneração – como contrapartida pelo trabalho prestado o empregador público reconhece e atribui, como é seu dever, ao trabalhador que exerce funções públicas o direito à perceção de uma remuneração.

A natureza jurídica da remuneração na função pública tem hoje contornos nítidos de contraprestação regular e periódica pelo serviço realizado, o que a aproxima e funde mesmo com o conceito de remuneração jus-privatística do direito do trabalho (vd. art. 59º, nº 1, al. b) da CRP). Não obstante isto, a matéria da retribuição na função pública constitui uma das áreas em que impera o princípio da legalidade característico do direito público administrativo, informando e conformando assim o nosso direito da função pública. A natureza estatutária, jus-publicista, do vínculo laboral público implica que a remuneração dos trabalhadores que exercem funções públicas se encontre fixada por lei, isto é, por normas de direito administrativo, não podendo pois a Administração Pública atribuir outra remuneração que não seja aquela a que a lei fixa. Muito embora se possa encontrar entre os direitos de participação e de negociação coletiva dos trabalhadores da Administração Pública em regime de direito público, regulados nos arts. 15º e 347º e ss, com destaque para os arts. 350º e 355º da LTFP, o direito das respetivas organizações sindicais negociarem a «remuneração e outras prestações pecuniárias» (artº 15º, al. e)), «incluindo a alteração dos níveis remuneratórios e do montante pecuniário de cada nível remuneratório» (artº 350º, nº 1, al. f)) e os suplementos remuneratórios (artº 355º, nº 1, al. a)), por força da natureza estamental do nosso direito da função pública, continua, contudo, a ser ao Governo, que cabe, terminado o período da negociação sem que tenha havido acordo, fixar as remunerações e demais prestações pecuniárias, sempre através de lei administrativa (artº 9º, nº 5 deste mesmo diploma). Acresce referir ainda que o direito à retribuição é devido não só nas situações em que haja prestação efetiva de serviço, como também naquelas situações de ausência do trabalhador ao serviço em que a lei as equipara a serviço efetivo, v.g., situações de ausência por motivo de interesse público, de ausência legalmente autorizada (caso da situações de férias e de algumas faltas) ou de ausência compulsiva em virtude de aplicação de medida de suspensão preventiva em sede de processo disciplinar, em que há lugar ao processamento da remuneração base (artº 211º, nº 1 da LTFP).

O regime de remunerações dos trabalhadores que exercem funções públicas encontra-se actualmente previsto e regulado nos arts. 144º a 168º da LTFP. Importa também ter em conta, neste âmbito, o disposto nos arts. 38º e 87º deste mesmo diploma.

Tendo presente o disposto no artº 146º da LTFP impõe-se, desde logo, precisar que quando falamos aqui no direito à remuneração que assiste aos trabalhadores que exercem funções públicas utilizamos o termo remuneração em sentido amplo para com ele abranger todas as componentes da remuneração legalmente previstas que se assumam como contrapartida compensatória pecuniária pelo trabalho efetivamente prestado, ou a ele equiparado, por aqueles trabalhadores. Assim, de acordo com o preceito em apreço «**a remuneração dos trabalhadores com vínculo de emprego público é composta por:**
a) **Remuneração base;**
b) **Suplementos remuneratórios;**
c) **Prémios de desempenho**».

Esta remuneração, naqueles seus diversos componentes, «é devida com o início do exercício de funções, sem prejuízo do regime especial de produção de efeitos da aceitação», sendo o seu pagamento devido mensalmente sempre que ela tiver caráter periódico (artº 145º, nºs 1 e 2 da LTFP). A suspensão total ou parcial do direito à remuneração só pode ocorrer nas situações e condições previstas na lei, terminando tal direito apenas com a extinção do vínculo de emprego público que lhe deu origem (artº 145º, nºs 4 e 5 da LTFP).

A lei, de seguida, define ou concetualiza cada uma daquelas componentes remuneratórias. Vejamo-las!

a) **Remuneração base mensal** – entende-se «o montante pecuniário correspondente ao nível remuneratório da posição remuneratória onde o trabalhador se encontra na categoria de que é titular ou do cargo exercido em comissão de serviço» (artº 150º, nº 1 da LTFP). No nº 2 deste artigo vem-se depois precisar que tal remuneração «é paga em 14 mensalidades, correspondendo uma delas ao subsídio de Natal e outra ao subsídio de férias, nos termos da lei».

A decomposição da remuneração base em remuneração de categoria e remuneração de exercício que anteriormente se fazia no artº 85º, nº 1 da LVCR desapareceu e deixou assim de existir na atual LTFP.

Enquanto no artº 87º da LTFP se fixam as regras parâmetro ou padrão sobre o número de posições remuneratórias que devem integrar as categorias das carreiras unicategoriais e pluricategoriais que de futuro se pretendam vir a constituir, no artº 88º, nº 2 desta mesma LTFP determina-se, por seu turno, em concreto, que «a caracterização das carreiras gerais em função (...) do número de posições remuneratórias de cada categoria» é aquela que «consta do anexo à presente lei, da qual faz parte integrante». Assim, fica-se aqui a saber que a carreira/categoria Técnica Superior a é composta por 14 posições remuneratórias, isto é, por 14 etapas ou degraus remuneratórios, nas quais se sobe ou progride para a posição remuneratória imediatamente seguinte àquela que o trabalhador se encontra quando este complete ou satisfaça, nesta última posição remuneratória, os requisitos ou módulos de tempo e de mérito previstos na lei (desde que, é claro, exista para o efeito o necessário cabimento orçamental – vd. artº 156º da LTFP); que a carreira/categoria de Coordenador de Assistente Técnica é composta por 4 posições remuneratórias; a de Assistente Técnica, por 9; a de Encarregado geral operacional, por 2; a de Encarregado operacional, por 5; e a de Assistente Operacional, por 8.

De acordo com o disposto no artº 149º, nº 1 da LTFP, a cada posição remuneratória da respectiva carreira/categoria corresponde um determinado nível remuneratório, sendo a identificação destes níveis remuneratórios efectuada pelo Decreto Regulamentar nº 14/2008, de 31 de Julho. Por seu turno, associado a cada nível remuneratório está um determinado valor pecuniário que corresponde à remuneração base a atribuir ao posicionamento do trabalhador na respetiva carreira/categoria. Em cumprimento do disposto no artº 147º, nºs 1 e 2 da LTFP, a Tabela Remuneratória Única, contendo «a totalidade dos níveis remuneratórios suscetíveis de ser utilizados na fixação da remuneração base dos trabalhadores que exerçam funções públicas ao abrigo do vínculo de emprego público», foi aprovada através da Portaria nº 1553-C/2008, de 31 de Dezembro.

Ainda no âmbito da remuneração base prescreve-se no artº 155º da LTFP que «o valor da hora normal de trabalho é calculado através da fórmula $(Rb \times 12)/(52 \times N)$, em que Rb é a remuneração base mensal e N o número de horas da normal duração semanal do trabalho» (nº 1).

b) Suplementos remuneratórios – são «os acréscimos remuneratórios devidos pelo exercício de funções em postos de trabalho que apresentam condições mais exigentes relativamente a outros postos de trabalho caracterizados por idêntico cargo ou por idênticas carreira e categoria» (artº 159º, nº 1 da LTFP). Especifica-se, de seguida, que tais suplementos são devidos não só a quem ocupar aqueles postos de trabalho mas fundamentalmente enquanto estiver no exercício efetivo das correspondentes funções (nº 2), desde que estas impliquem o sofrimento de «condições de trabalho mais exigentes:

I – De forma anormal e transitória, designadamente as decorrentes de prestação de trabalho extraordinário, noturno, em dias de descanso semanal, complementar e feriados e fora do local normal de trabalho; ou

II – De forma permanente, designadamente as decorrentes de prestação de trabalho arriscado, penoso ou insalubre, por turnos, em zonas periféricas, com a isenção de horário e de secretariado de direção» (artº 159º, nº 3 da LTFP).

A finalizar importa referir que estes suplementos remuneratórios são apenas devidos enquanto perdurarem «as condições de trabalho que determinaram a sua atribuição» e «haja exercício de funções, efetivo ou como tal considerado em lei» (nº 4), só podendo ser «criados e regulamentados por lei», admitindo-se porém que a sua regulamentação possa ser já feita «por instrumento de regulamentação coletiva de trabalho» (nº 6). Estes suplementos «devem ser fixados em montantes pecuniários e só excecionalmente podem ser fixados em percentagem da remuneração base mensal» (nº 5).

c) Prémio de desempenho – o facto de não se encontrar na LTFP qualquer conceito legal de prémio de desempenho, dos seus arts. 31º, nº 1, 7º, nºs 1, al. d) e 5, 166º a 168º é possível avançar no sentido de defini-lo como o montante pecuniário destinado a reconhecer e a recompensar o desempenho excecional do trabalhador objetivamente revelado e avaliado durante um determinado período de tempo da sua atividade profissional. Trata-se pois de uma remuneração que se encontra intimamente ligada e dependente da aplicação efetiva do SIADAP, Sistema Integrado de Avaliação e Desempenho da Administração Pública.

Por último, temos a referir aqui os arts. 169º a 171º da LTFP que nos dão a saber que sobre aquelas remunerações incidem **dois tipos de descontos**, a saber:
   1. **Obrigatórios** – são os que resultam de imposição legal (artº 169º, nºs 1, al. a) e 2), a saber IRS (Imposto sobre o Rendimento das Pessoas singulares) e as quotizações para o regime de proteção social aplicável (Caixa Geral de Aposentações, Segurança Social e ADSE) – artº 170º da LTFP;
   2. **Facultativos** – são aqueles descontos que, sendo permitidos por lei, carecem de autorização expressa do titular do direito à remuneração para serem efetuados (artº 169º, nºs 1, al. b) e 3), designadamente prémios de seguro de doença ou de acidentes pessoais, de seguros de vida e complementos de reforma e planos de poupança-reforma, e quota sindical, esclarecendo-se que esta última é obrigatoriamente descontado na fonte desde que solicitado pelo respetivo trabalhador – artº 171º, nºs 1 e 2 da LTFP.

Os descontos, na falta de lei especial em contrário, «são efetuados diretamente através de retenção na fonte» (artº 169º, nº 4 da LTFP).

Sobre as garantias dos créditos remuneratórias veja-se o disposto nos arts. 174º e 175º da LTFP.

F) – O direito à proteção social – este direito vem previsto no artº 63º da CRP, sob a forma de incumbência cometida ao Estado de proceder à criação de «um sistema de segurança social unificado e descentralizado, com a participação das associações sindicais», que assegure a proteção dos trabalhadores (cidadãos em geral) «na doença, velhice, invalidez, viuvez e orfandade, bem como no desemprego e em todas as outras situações de falta ou diminuição de meios de subsistência ou de capacidade para o trabalho» (nºs 1, 2 e 3). Este direito é assegurado pelo Sistema de Segurança Social, cujas bases gerais, princípios, objetivos e estrutura se encontram previstas e reguladas na Lei nº 4/2007, de 16 de Janeiro, alterada pela Lei nº 83-A/2013, de 30 de dezembro. A segurança social visa, assim, proteger os cidadãos, em geral, e os trabalhadores, em particular, de determinadas eventualidades de risco social, nomeadamente invalidez, velhice, morte, doença, maternidade, paternidade, adoção – parentalidade, desemprego, acidentes de trabalho e doenças profissionais, através da atribuição de um conjunto de prestações sociais destinadas a assegurar-lhes uma vida condigna. A Europa foi de tal maneira vanguardista e exímia nesta área ao ponto de ter contribuído para a génese e constituição do chamado Estado Social de Direito. Em Portugal, no que diz respeito aos trabalhadores que exercem funções públicas, de há muito que a lei lhes reconhece e atribui um regime especial de segurança social – **o regime de proteção social específico da função pública.** Este regime, em vigor até 31 de Dezembro de 2005, abrangia inicialmente três áreas, a saber:

I – **Regime de proteção social específico da função pública propriamente dito** – que visava assegurar a proteção social dos trabalhadores da Administração Pública, funcionários e agentes, titulares de uma relação jurídica de emprego público, nas eventualidades de invalidez, velhice e morte, inscritos até 31 de Dezembro de 2005 na Caixa Geral de Aposentações (CGA);

II – **Sistema de acção social complementar** – que abarcava o conjunto de benefícios sociais fornecidos pelos diferentes serviços e obras sociais da Administração Pública;

III – **Subsistema de saúde específico da função pública** – que reunia e geria o conjunto de benefícios no âmbito da saúde atribuídos, nomeadamente, pela ADSE.

Não obstante as sucessivas leis de base da segurança social reconhecerem e respeitarem a autonomia deste regime de proteção social especial da função pública, elas nunca deixaram contudo de sublinhar e prescrever a necessidade de se proceder à sua convergência com o regime geral da segurança social dos trabalhadores por conta de outrem. O artº 104º da Lei nº 4/2007, de 16 de janeiro, que aprovou a Lei de Bases da Segurança Social (LBSS), não constituiu exceção a esta tendência, bem pelo contrário, apontava também ela precisamente nesse sentido.

A partir de 1 de Janeiro de 2006, na sequência da publicação da **Lei nº 60/2005, de 29 de Dezembro,** sucessivamente alterado, deu-se início efetivo ao processo de convergência do regime de proteção social específico da função pública com o regime geral da segurança social no que respeitava às condições de aposentação e cálculo das pensões, nomeadamente quando no seu art. 2º, se **determinou que todo «o pessoal que» iniciasse «funções (na Administração Pública) a partir de 1 de Janeiro de 2006», funcionários e agentes incluídos,** – «ao qual, nos termos da legislação vigente, fosse aplicável o regime de proteção social da função pública em matéria de aposentação, em razão da natureza da instituição a que venha a estar vinculado, do tipo de relação jurídica de emprego de que venha a ser titular ou de norma especial que lhe conferisse esse direito», fosse **«obrigatoriamente inscrito no regime geral da segurança social»** (artº 2º, nºs 1 e 2; vd. ainda o artº 2º do Dec. – Lei nº 55/2006, de 15 de março).

Quanto às demais eventualidades, a saber, doença, parentalidade (maternidade, paternidade e adoção), acidentes de trabalho e doenças profissionais, continuou-se a aplicar àqueles funcionários e agentes, titulares de uma relação jurídica de emprego público, a legislação própria do regime específico da proteção social da função pública. Importa referir a este propósito que a Lei nº 12-A/2008, de 27 de Fevereiro, que definiu e regulou os regimes de vinculação, de carreiras e de remunerações dos trabalhadores que exercem funções públicas, teve o cuidado de sublinhar no seu *Título VII – Disposições finais e transitórias*, art. 114º, que «todos os trabalhadores têm direito, nos termos da lei, a proteção social, a outros benefícios sociais e a subsídio de refeição» (nº 1), salvaguardando de seguida que «todos os trabalhadores referidos nos artigos 88º e seguintes mantêm o regime de proteção social de que vinham beneficiando, sem prejuízo da sua convergência com os regimes do sistema de segurança social, nos termos do artigo 104º da Lei nº 4/2007, de 16 de janeiro». No mesmo sentido dispôs o artº 19º, nº 2 da Lei nº 59/2008, de 11 de setembro, que aprovou o RCTFP, quando aí se preceitua que *«os demais trabalhadores a integrar no regime de proteção social convergente mantêm-se sujeitos às normas que lhes eram aplicáveis à data de entrada em vigor da presente lei em matéria de proteção social ou segurança social, designadamente nas eventualidades de maternidade, paternidade e adopção e doença».*

Foi, contudo, com a publicação da **Lei nº 4/2009, de 29 de janeiro**, que definiu a proteção social dos trabalhadores que exercem funções públicas, alterada pela Lei nº 10/2009, de 10 de março, que se deu o passo decisivo na definição e clarificação dos regimes da proteção social destes trabalhadores, prescrevendo-se no seu artº 6º que tal proteção social se concretiza pela integração dos trabalhadores em apreço num de dois regimes, a saber:

I – No Regime Geral da Segurança Social (RGSS) – nele foram integrados todos os trabalhadores que exercem funções públicas, funcionários e agentes incluídos, admitidos a partir de 1 de Janeiro de 2006, data, recorde-se, a partir da qual se deixou de aceitar mais inscrições na CGA e se passou a obrigar a sua inscrição no regime geral da segurança social, mas apenas para proteção nas eventualidades de invalidez, velhice e morte; **nas demais eventualidades de doença, parentalidade, desemprego, acidentes de trabalho e doenças profissionais continuaram estes trabalhadores a beneficiar da legislação específica do regime de proteção social da função pública, até 31 de Dezembro de 2008; só a partir de 1 de Janeiro de 2009, com a entrada em vigor do RCTFP, e no cumprimento do disposto no artº 32º, nº 1, da Lei nº 4/2009, de 29 de Janeiro (que afastou a vigência do Dec. – Lei nº 55/2006, de 15 de Março), é que se dá a integração plena destes mesmos trabalhadores no RGSS,** quando passaram a ser abrangidos por todas as eventualidades cobertas por ele; **foram, ainda, integrados neste regime os trabalhadores que, não obstante terem a sua relação jurídica de emprego constituída antes daquela data com o respetivo empregador público – 1 de Janeiro de 2009, caso dos trabalhadores com contrato individual de trabalho constituído à sombra da Lei nº 23/2004, de 22 de junho, entretanto revogado, já se encontravam inscritos no RGSS para todas as eventualidades,** abrangendo-se aqui não só invalidez, velhice e morte, como também doença, parentalidade, desemprego, acidentes de trabalho e doenças profissionais (eventualidades do sistema previdencial definido na LBSS) – artº 7º da Lei nº 4/2009, de 29 de Janeiro; como contrapartida, para poderem beneficiar das prestações sociais deste RGSS, os trabalhadores que exercem funções públicas têm de descontar 11% da sua remuneração mensal ilíquida (vd. Lei nº 110/2009, de 16 de setembro, que aprovou o «Código dos Regimes Contributivos do Sistema Previdencial da Segurança Social»).

Temos, assim, que todos os atuais trabalhadores que exercem funções públicas inscritos no Sistema da Segurança Social são beneficiários do RGSS para todas as eventualidades (aplicando-se-lhes assim o Dec. – Lei nº 117/2006, de 20 de Junho, alterado pelo Dec. – Lei nº 53-A/2006, de 29 de dezembro), **nos termos que se passam a enunciar de seguida:**

– **Invalidez, Velhice e Morte** – estes trabalhadores (ou os seus herdeiros) têm direito à correspondente proteção social concretizada através da atribuição de prestações sociais, sob a forma de pensões de invalidez, velhice e morte, que são da responsabilidade das instituições da Segurança Social, mais concretamente do Centro Nacional de Pensões;
– **Doença** – os trabalhadores em causa são beneficiários de prestações sociais substitutivas dos rendimentos do trabalho perdidos por motivo de doença, processadas e pagas pelas instituições da Segurança Social;
– **Maternidade, paternidade, adoção – parentalidade** – os trabalhadores têm aqui direito a perceber os subsídios previstos no Dec. – Lei nº 91/2009, de 9 de Abril, cuja gestão e atribuição são da competência direta das instituições da Segurança Social;
– **Desemprego** – a proteção destes trabalhadores nesta eventualidade é efetuada nos termos do RGSS, cabendo contudo o pagamento das prestações sociais substitutivas dos rendimentos do trabalho perdidos aos competentes empregadores públicos – artº 10º, nºs 1 e 2 da Lei nº 4/2009, de 29 de Janeiro;
– **Acidentes de trabalho e doenças profissionais** – quanto a esta eventualidade continua a aplicar-se o regime constante do Dec. – Lei nº 503/99, de 20 de novembro, a todos os trabalhadores que exercem funções públicas, independentemente da sua modalidade de vinculação – nomeação ou contrato, isto por força do disposto no seu artº 2º, na redação que lhe foi dada pelo artº 9º da Lei nº 59/2008, de 11 de setembro, que aprovou o Regime do Contrato de Trabalho em Funções Pública; cf. artº 26º, nº 1 da Lei nº 4/2009, de 29 de janeiro; **a principal diferença deste regime em relação à lei geral (Lei nº 100/97, de 13 de setembro) tem a ver com o facto de não haver aqui, em princípio, lugar à transferência da responsabilidade pela reparação dos acidentes de trabalho para as seguradoras; assim, é ao empregador público do respetivo trabalhador que compete a responsabilidade pela reparação dos danos emergentes de um acidente de trabalho, cabendo-lhe assim suportar todos os inerentes encargos, ainda que o sinistrado ou doente mude de serviço ou da situação de ativo para a de aposentado (no caso daqueles danos implicarem incapacidade permanente ou morte do trabalhador, a assunção dos consequentes encargos, sob a forma de pensões, compete à CGA, independentemente do facto do trabalhador em apreço estar abrangido pelo RGSS ou pelo RPSC); já**

quanto à reparação dos danos emergentes de uma doença profissional, há que distinguir entre:
a) **O trabalhador abrangido pelo RPSC** – neste caso, a responsabilidade pela reparação daqueles danos, logo pelos consequentes encargos orçamentais e financeiros, cabe à respetiva entidade empregadora pública, ainda que o trabalhador mude de serviço ou passe da situação de ativo para a de aposentado; contudo, a reparação dos danos, de que resultem incapacidade permanente ou morte, compete à CGA;
b) **O trabalhador abrangido pelo RGSS** – aqui aplica-se-lhe o Dec. – Lei nº 503/99, de 20 de novembro, no que diz respeito aos aspetos laborais, a saber, justificação das faltas, reintegração e reabilitação profissional e atribuição de trabalho compatível; porém, é ao Centro Nacional de Proteção contra os Riscos Profissionais (CNPRP) que cabe a responsabilidade pelo ressarcimento das despesas resultantes de doença profissional, nomeadamente as que se prendem com o pagamento das pensões resultantes de doença profissional que dê lugar a incapacidade permanente ou morte.

As prestações sociais que integram o RGSS não constituem remuneração do trabalho, não se encontrando por isso sujeitas a quaisquer impostos ou descontos, com a exceção das pensões, sobre as quais incidem o IRS e outros descontos legalmente previstos. Note-se, porém, que o facto de não haver aqui lugar ao pagamento de remuneração não prejudica os direitos e benefícios que emergem diretamente da sua relação jurídica de emprego público, como sejam os resultantes da ADSE. Consequentemente, os trabalhadores que exercem funções públicas, integrados no RGSS e se encontram simultaneamente inscritos na ADSE, podem optar, na eventualidade de doença, pelo regime de comparticipação que mais lhe convier.

II – No Regime de Protecção Social Convergente (RPSC) – integram-se os trabalhadores titulares de uma relação jurídica de emprego público constituída até 31 de Dezembro de 2005 «que não estejam abrangidos pelo disposto na alínea *b)* do artigo 7º» da Lei nº 4/2009, de 29 de janeiro – (artº 11º); no artº 29º, nºs 1 e 2 deste último diploma prescreve-se cautelosamente que o respetivo Capítulo III, sobre o Regime de Proteção Social Convergente, só entrará em vigor com a regulamentação de cada uma das eventualidades referidos no seu artº 13º, mantendo-se até lá «em vigor os regimes legais e regulamentares que regulam as várias eventualidades do regime da proteção social convergente»; apenas a eventualidade parentalidade (maternidade, paternidade e adoção) se encontra atualmente regulamentada em convergência com o RGSS – vd. Dec. – Lei nº 89/2009, de 9 de abril; neste RPSC, à semelhança do que acontecia no anterior regime de proteção social da função pública, continuam a ser os órgãos e serviços da Administração Pública que asseguram o cumprimento do direito de proteção social, com exceção da gestão das pensões nas eventualidades invalidez, velhice e morte, que compete à Caixa Geral de Aposentações – CGA; para poderem beneficiar destas pensões do RPSC, os trabalhadores que exercem funções públicas têm de descontar 11% da sua remuneração mensal ilíquida para a CGA; aqui, à semelhança do RGSS, a proteção social concretiza-se nas diferentes eventualidades também através da atribuição de prestações sociais substitutivas de rendimentos do trabalho perdidos, sobre as quais não incidem quaisquer impostos ou descontos, à exceção das pensões, sujeitas a IRS.

Assim, temos que todos os atuais trabalhadores que exercem funções públicas, titulares de uma relação jurídica de emprego público constituída antes de 31 de Dezembro de 2005, inscritos na CGA, não enquadrados no RGSS, integram hoje o RPSC, que abrange as mesmas eventualidades do RGSS, a saber:

– **Invalidez, Velhice e Morte** – os trabalhadores integrados no RPSC têm direito à correspondente proteção social concretizada através da atribuição de prestações sociais, sob a forma de pensões de invalidez, velhice e morte, que são da responsabilidade da CGA;

– **Doença** – de acordo com o disposto no artº 14º da Lei preambular nº 35/2014, de 20 de junho, que aprovou a LTFP, aos trabalhadores integrados no RPSC aplica-se o disposto nos seus arts. 15º a 41º em matéria de faltas por motivo de doença, sujeitando-os assim a normas similares às que lhes eram aplicáveis à data da entrada em vigor da presente lei, designadamente as relativas à manutenção do direito à remuneração, justificação, verificação e efeitos das respetivas faltas por doença;

– **Maternidade, paternidade, adopção – parentalidade** – esta eventualidade foi já alvo de regulamentação no âmbito do RPSC, que consta do Dec. – Lei nº 89/2009, de 9 de Abril (alterado pela Declaração de

Retificação nº 40/2009, de 5 de junho e pelo Dec. – Lei nº 133/2012, de 27 de junho); de acordo com o seu artº 31º, a organização e gestão deste regime de proteção social, logo a atribuição e pagamento das respetivas prestações sociais, são da responsabilidade direta do empregador público do beneficiário;

– **Desemprego** – até à regulamentação desta eventualidade, os trabalhadores que exercem funções públicas integrados no RPSC encontram-se abrangidos pelo disposto na Lei nº 11/2008, de 20 de fevereiro (alterada pelas Leis nºs 64-A/2008 e 4/2009, respetivamente de 31 de dezembro e 29 de janeiro);

– **Acidentes de trabalho e doenças profissionais** – quanto a esta eventualidade, continua-se a aplicar a estes trabalhadores, sejam eles nomeados ou contratados, o regime constante do Dec. – Lei nº 503/99, de 20 de novembro, isto por força do disposto no seu artº 2º, na redação que lhe foi dada pelo art. 9º da Lei nº 59/2008, de 11 de setembro, que aprovou o Regime do Contrato de Trabalho em Funções Pública; cf. artº 26º, nº 1 da Lei nº 4/2009, de 29 de janeiro (alterada pela Lei nº 10/2009, de 10 de março); conforme se referiu anteriormente, a atribuição destas prestações sociais compete diretamente aos empregadores públicos, com exceção das prestações por incapacidades permanentes e morte resultantes de acidentes de trabalho e doenças profissionais que cabem à CGA.

À semelhança do que acontece no RGSS, também as prestações sociais que integram o RPSC não constituem remuneração do trabalho, mas sim prestações pecuniárias substitutivas de rendimentos de trabalho perdidos, não estando por isso sujeitas a quaisquer impostos ou descontos, com a exceção das pensões, que estão sujeitas a IRS. Note-se, porém, que o facto de não haver aqui lugar ao pagamento de remuneração não prejudica os direitos e benefícios que emergem diretamente do seu vínculo de emprego público, como sejam os resultantes da ADSE. Importa referir ainda que, no âmbito do RPSC, aquelas prestações sociais relativas à doença, parentalidade, acidentes de trabalho e doenças profissionais constituem encargo exclusivo dos empregadores públicos, não havendo lugar ao pagamento de qualquer contribuição por parte dos trabalhadores. Os períodos em que não há prestação de trabalho efetivo, por ocorrência de qualquer das eventualidades supra-referidas, equivalem a entrada de quotizações e de contribuições para a CGA (artº 19º da Lei nº 4/2009).

G – O direito a subsídios sociais – o trabalhador que exerce funções públicas, por força da sua inscrição obrigatória nos regimes de proteção social, adquire o direito a um conjunto de subsídios sociais aí previstos – são os subsídios sociais que radicam e resultam assim da própria relação de segurança social constituída na sequência daquela sua inscrição nos sistemas de proteção social. Assim, **no que diz respeito à proteção na eventualidade de encargos familiares, que visa precisamente compensar os encargos decorrentes de situações geradoras de despesas para as famílias, previstas no Dec. – Lei nº 176/2003, de 2 de agosto** (diploma que define e regulamenta a proteção na eventualidade de encargos familiares no âmbito do subsistema de proteção familiar, alterado pelos Dec. – Lei nº 41/2006, de 21 de fevereiro, Dec. – Lei nº 87/2008, de 28 de maio, Dec. – Lei nº 245/2008, de 18 de dezembro, Dec. – Lei nº 201/2009, de 28 de agosto, Dec. – Lei nº 70/2010, de 16 de junho, Dec. – Lei nº 77/2010, de 24 de junho, Dec. – Lei nº 116/2010, de 22 de outubro, Lei nº 55-A/2010, de 31 de dezembro, e Dec. – Lei nº 133/2012, de 27 de junho), **temos a enunciar os seguintes subsídios sociais:**
1. **Abono de família para crianças e jovens** – é uma prestação mensal, de concessão continuada, que visa compensar os encargos familiares respeitantes ao sustento e educação das crianças e jovens (artº 3º, nº 1, al. a)).
2. **Abono de família pré-natal** – é uma prestação mensal de concessão continuada que visa incentivar a maternidade através da compensação de encargos acrescidos durante o período de gravidez, uma vez atingida a 13ª semana de gestação (artº 3º, nº 1, al. b)).
3. **Bolsa de estudo** – é uma prestação pecuniária mensal de concessão continuada que visa combater o abandono escolar, melhorar a qualificação dos jovens em idade escolar e compensar os encargos acrescidos com a frequência obrigatória de nível secundário da educação ou equivalente (artº 3º, nº 1, al. c)).
4. **Subsídio de funeral** – é uma prestação de concessão única que visa compensar o respetivo requerente das despesas efetuadas com o funeral de qualquer membro do seu agregado familiar ou de qualquer outra pessoa, incluindo os nascituros, residente em território nacional (artº 3º, nº 1, al. d)).

Porque não regulados naquele Dec. – Lei nº 176/2003, de 2 de agosto, logo não derrogados pelo disposto no artº 56º, nº 1, al. a) deste diploma, **os trabalhadores que exercem funções públicas têm ainda direito aos subsídios previstos do Dec. – Lei nº 133 – B/97, de 30 de maio, retificado pela Declaração de Retificação nº 15-F/97, de 30 de setembro** (que também define a proteção na eventualidade de encargos familiares do regime geral da segurança social e do regime de proteção social da função pública; diploma sucessivamente alterado pelos Dec. – Lei nº 248/99, de 2 de julho, Dec. – Lei nº 341/99, de 25 de agosto, Dec. – Lei nº 250/2001, de 21 de setembro, e Dec. – Lei nº 176/2003, de 2 de agosto), **a saber:**

5. **Bonificação do abono de família para crianças e jovens portadores de deficiência** – destina-se a compensar o acréscimo de encargos familiares decorrentes da situação dos descendentes dos beneficiários, menores de 24 anos, portadores de deficiência de natureza física, orgânica, sensorial, motora ou mental, que torne necessário o apoio pedagógico ou terapêutico (artº 7º do Dec. – Lei nº 133 – B/97, de 30 de maio, conjugado com o disposto no artº 55º do Dec. – Lei nº 176/2003, de 2 de agosto; este último diploma foi profusamente alterado).

6. **Subsídio por frequência de estabelecimento de educação especial** – destina-se a compensar os encargos diretamente resultantes da aplicação a crianças e jovens, de idade inferior a 24 anos, portadores de deficiência de medidas específicas de educação que impliquem necessariamente a frequência de estabelecimentos particulares com fins lucrativos ou cooperativos, ou o apoio educativo específico, por entidade especializada fora do estabelecimento, igualmente com fins lucrativos (artº 8º do Dec. – Lei nº 133 – B/97, de 30 de maio, conjugado com o disposto no art. 56º, nº 1, al. a) do Dec. – Lei nº 176/2003, de 2 de agosto).

7. **Subsídio mensal vitalício** – atribuído com o objetivo de compensar o acréscimo de encargos familiares em função de descendentes do beneficiário, maiores de 24 anos, portadores de deficiência de natureza física, orgânica, sensorial, motora ou mental, que se encontrem em situação que os impossibilite de proverem normalmente à sua subsistência pelo exercício de atividade profissional (artº 9º do Dec. – Lei nº 133 – B/97, de 30 de maio, conjugado com o disposto no artº 56º, nº 1, al. a) do Dec. – Lei nº 176/2003, de 2 de Agosto).

8. Subsídio por assistência a terceira pessoa – visa compensar o acréscimo de encargos familiares resultantes da situação de dependência dos descendentes do beneficiário titulares do abono de família, com bonificação por deficiência ou de subsídio mensal vitalício, que exijam o acompanhamento permanente de terceira pessoa (artº 10º do Dec. – Lei nº 133 – B/97, de 30 de maio, conjugado com o disposto no artº 56º, nº 1, al. a) do Dec. – Lei nº 176/2003, de 2 de agosto).

No âmbito da proteção social na parentalidade, os trabalhadores que exercem funções públicas têm ainda direito aos seguintes subsídios, previstos no Dec. – Lei nº 89/2009 e no Dec. – Lei nº 91/2009, ambos de 9 de abril, sobre a Proteção na Parentalidade no Regime de Proteção Social Convergente e no Sistema Previdencial, respetivamente:

9. Subsídio por risco clínico durante a gravidez – atribuído nas situações em que se verifique a existência de risco clínico, para a grávida ou para o nascituro, certificado por médico da especialidade, durante o período de tempo necessário para prevenir o risco, o qual deve constar expressamente do certificado.

10. Subsídio por interrupção da gravidez – concedido nas situações de interrupção da gravidez impeditivas do exercício de atividade laboral, medicamente certificadas, durante um período variável entre 14 e 30 dias.

11. Subsídio parental – concedido durante o período de impedimento para o exercício da actividade laboral por parte dos progenitores.

12. Subsídio parental alargado – concedido por um período até 3 meses a qualquer um ou a ambos os progenitores alternadamente, nas situações de exercício de licença parental alargada para assistência a filho integrado no agregado familiar, impeditivas do exercício da atividade laboral, desde que gozado imediatamente após o período de concessão do subsídio parental inicial ou subsídio parental alargado do outro progenitor.

13. Subsídio por adoção – concedido aos candidatos a adotantes nas situações de adoção de menor de 15 anos, impeditivas do exercício de atividade laboral, exceto se se tratar de adoção de filho do cônjuge do beneficiário ou da pessoa com quem o beneficiário viva em união de facto e corresponde, com as devidas adaptações, ao subsídio parental inicial e ao subsídio parental alargado.

14. Subsídio por riscos específicos – concedido nas situações de impedimento para o exercício de atividade laboral determinadas pela existência de risco específico para a beneficiária grávida, puérpera e latante que desempenhe trabalho noturno ou esteja exposta a agentes, processos ou condições de trabalho, que constituam risco para a sua segurança e saúde nos termos definidos na lei, durante o período necessário para prevenir o risco e na impossibilidade de o empregador lhe conferir outras tarefas.

15. Subsídio para assistência a filho – concedido nas situações de impedimento para o exercício de atividade laboral determinadas pela necessidade de prestar assistência inadiável e imprescindível a filhos, em caso de doença ou acidente, medicamente certificadas, nos seguintes termos:

a) Menor de 12 anos ou, independentemente da idade, no caso do filho com deficiência ou doença crónica, um período máximo de 30 dias, seguidos ou interpolados, em cada ano civil ou durante todo o período de eventual hospitalização;

b) Maior de 12 anos, um período máximo de 15 dias, seguidos ou interpolados, em cada ano civil.

16. Subsídio para assistência a filho com deficiência ou doença crónica – concedido nas situações de impedimento para o exercício da atividade laboral determinadas pela necessidade de prestar assistência a filho com deficiência ou doença crónica por período até 6 meses.

17. Subsídio para assistência a neto – concedido nas situações de impedimento para o exercício da atividade laboral determinadas pela necessidade de prestar assistência a neto filho de adolescente menor de 16 anos.

Para além destes subsídios, falta-nos falar por último de um subsídio social que emana diretamente do vínculo de emprego público constituído com a Administração Pública. Assim, por força desta sua relação laboral o trabalhador que exerce funções públicas tem direito ao **subsídio de refeição** previsto e regulado no Dec. – Lei nº 57-B/84, de 20 de fevereiro (alterado pelo Dec. – Lei nº 70-A/2000, de 5 de maio).

H) – O direito à proteção especial na doença – os trabalhadores que exercem funções públicas podem ainda ter direito a benefícios e regalias sociais no âmbito da saúde desde que se encontrem inscritos para o efeito na ADSE, e para ela contribuam com 3,5% da sua remuneração ilíquida (vd. Dec. – Lei nº 118/83, de 25 de fevereiro, sucessivamente alterado, e Lei nº 53-D/2006, de 29 de dezembro, também alvo de alterações); a ADSE é um órgão da estrutura central do Ministério das Finanças, no âmbito da Direção-geral de Protecção Social aos Funcionários e Agentes da Administração Pública, dotado de autonomia administrativa, que tem por objetivo a proteção social dos trabalhadores nela inscritos nos domínios dos cuidados de saúde, do apoio aos respetivos encargos familiares (abono de família) e da concessão de outras prestações de caráter social; se os trabalhadores que exercem funções públicas estiverem inscritos na CGA e na ADSE, a sua proteção na doença efetiva-se exclusivamente através da ADSE; porém, se aqueles trabalhadores estiverem inscritos no RGSS e, simultaneamente, na ADSE, o facto de ambos os sistemas lhes assegurar proteção social na eventualidade doença, permite-lhes o direito de optar, em cada momento, por aquele que melhor lhe convier em termos de benefícios e regalias.

I) – **O direito à proteção na maternidade e paternidade** – a maternidade e paternidade constituem para o nosso legislador constitucional «valores sociais eminentes» de tal modo relevantes que merecem uma especial proteção jurídica (artº 68º, nº 2 da CRP). Trata-se de uma decorrência natural da proteção mais ampla dispensada à família pela Constituição, nomeadamente nos seus arts. 36º e 67º. Dando cumprimento ao disposto no artº 68º, nºs 3 e 4 da CRP, os arts. 33º a 65º do Código do Trabalho, aprovado pela Lei nº 7/2009, de 12 de fevereiro, enunciam e regulam o conjunto de direitos que constituem atualmente o estatuto sobre a proteção na parentalidade (neologismo extravagante introduzido no léxico português pelo nosso legislador ordinário) não só dos trabalhadores titulares de uma relação jurídica de trabalho subordinado privado, como também dos trabalhadores que exercem funções públicas, estes, porém, por força da remissão feita no artº 4º, nº 1, al. d) da LTFP para o Código do Trabalho.

De acordo com o disposto no artº 35º, nº 1 do Código do Trabalho «A proteção na parentalidade concretiza-se através da atribuição dos seguintes direitos:

a) Licença em situação de risco clínico durante a gravidez;

b) Licença por interrupção de gravidez;

c) Licença parental, em qualquer das modalidades;
d) Licença por adoção;
e) Licença parental complementar em qualquer das modalidades;
f) Dispensa da prestação de trabalho por parte de trabalhadora grávida, puérpera ou latante, por motivo de proteção da sua segurança e saúde;
g) Dispensa para consulta pré-natal;
h) Dispensa para avaliação para adoção;
i) Dispensa para amamentação ou aleitação;
j) Faltas para assistência a filho;
l) Faltas para assistência a neto;
m) Licença para assistência a filho;
n) Licença para assistência a filho com deficiência ou doença crónica;
o) Trabalho a tempo parcial de trabalhador com responsabilidades familiares;
p) Horário flexível de trabalhador com responsabilidades familiares;
q) Dispensa de prestação de trabalho em regime de adaptabilidade;
r) Dispensa de prestação de trabalho suplementar;
s) Dispensa de prestação de trabalho no período nocturno».

J) – O direito a proteção especial na sinistralidade – trata-se de um direito decorrente do direito mais amplo de proteção social reconhecido aos trabalhadores que exercem funções públicas já referenciado anteriormente; contudo, pela sua importância e pelo facto de possuir um regime jurídico próprio, optamos por o autonomizar neste enunciado de direitos; assim, e a título de complemento, refere-se apenas aqui que os trabalhadores que exercem funções públicas, sejam eles nomeados ou contratados (artº 2º, nº 1), dispõe de um regime jurídico próprio «dos acidentes de trabalho e das doenças profissionais ocorridos ao serviço de entidades empregadoras públicas», constante do Dec. – Lei nº 503/99, de 20 de novembro. Este regime é, em parte, uma concretização dos preceitos sobre a segurança no emprego contidos nos arts. 53º e 59º, nº 1, als. c) e f) da CRP. No artº 4º do Dec. – Lei nº 503/99, de 20 de novembro, reconhece-se assim que todos os trabalhadores que exercem funções públicas «têm direito, independentemente do respetivo tempo de serviço, à reparação, em espécie e em dinheiro, dos danos resultantes de acidentes em serviço e de doenças profissionais» (nº 1). Trata-se de um direito amplo na medida em que através dele se visa ressarcir o trabalhador de todas as despesas que eventualmente possa vir a ter em virtude de acidentes de trabalho ou doenças profissionais, especificando-se no artº 4º, nºs 3 e 4 que este direito à reparação compreende:

I – A reparação em espécie, via:
a) Prestações de natureza médica, cirúrgica, de enfermagem, hospitalar, medicamentosa e quaisquer outras, incluindo tratamentos termais, fisioterapia e o fornecimento de próteses e ortóteses, seja qual for a sua forma, desde que necessárias e adequadas ao diagnóstico ou ao restabelecimento do estado de saúde físico ou mental e da capacidade de trabalho ou de ganho do sinistrado e à sua recuperação para a vida ativa;
b) O transporte e estada, designadamente para observação, tratamento, comparência a juntas médicas ou a actos judiciais;
c) A readaptação, reclassificação e reconversão profissional.

II – A reparação em dinheiro, que compreende:
a) Remuneração, no período das faltas ao serviço motivadas por acidente em serviço ou doença profissional;
b) Indemnização em capital ou pensão vitalícia correspondente à redução na capacidade de trabalho ou de ganho, no caso de incapacidade permanente;
c) Subsídio por assistência de terceira pessoa;
d) Subsídio para readaptação de habitação;
e) Subsídio por situações de elevada incapacidade permanente;
l) Despesas de funeral e subsídio por morte;
g) Pensão aos familiares, no caso de morte.

L) – Direito ao trabalho em condições de higiene, segurança e saúde – trata-se de um direito que decorre diretamente do artº 59º, nº 1, al. c) da CRP e visa assegurar a todos os trabalhadores, logo também aos da Administração Pública, condições de higiene, segurança e saúde nos seus postos ou locais de trabalho. Este direito tem como contrapartida a imposição de um dever ao empregador público de criar, nos respetivos serviços, as condições necessárias para que o trabalho prestado pelos seus trabalhadores seja feito com a observância das regras vigentes em matéria de higiene, segurança e saúde. É preciso, porém, ter presente que estas condições variam de profissão para profissão. Um Assistente

Operacional com a profissão, e responsabilidade, de recolha municipal de lixos possui condições de trabalho muito diferentes das de um Assistente Técnico da área administrativa, pelo que este direito ao trabalho em condições de higiene, segurança e saúde deve assim ter em conta estas diferentes realidades e as implicações que delas resultam em termos de risco, insalubridade e penosidade. Eis a justificação de base para a existência de subsídios de risco, insalubridade e penosidade para certas profissões.

A LTFP, na esteira do Código do Trabalho, consagra uma série de normas destinadas a assegurar aos trabalhadores que exercem funções públicas o direito à prestação de trabalho em condições de segurança, higiene e saúde, a saber:

1. No artº 4º, nº 1 da LTFP que manda desde logo aplicar «ao vínculo de emprego público, sem prejuízo do disposto na presente lei e com as necessárias adaptações, o disposto no Código do Trabalho e respetiva legislação complementar com as exceções legalmente previstas, nomeadamente em matéria de (...) trabalhador com capacidade reduzida e trabalhadores com deficiência ou doença crónica» (al. e), «de promoção da segurança e saúde no trabalho, incluindo a prevenção» (al. i)) e «de comissões de trabalhadores, associações sindicais e representantes dos trabalhadores em matéria de segurança e saúde no trabalho» (al. j)),

2. No artº 5, al. b) da LTFP, que refere que o regime de acidentes de trabalho e doenças profissionais dos trabalhadores que exercem funções públicas consta de diploma próprio;

3. No artº 71º, nº 1 da LTFP, que determina, sem prejuízo de outras obrigações, que «o empregador público deve (...) proporcionar boas condições de trabalho, tanto do ponto de vista físico como moral» (al. c)), «prevenir riscos e doenças profissionais, tendo em conta a proteção da segurança e saúde do trabalhador, devendo indemnizá-lo dos prejuízos resultantes de acidentes de trabalho» (al. g), «adotar, no que se refere à segurança e saúde no trabalho, as medidas que decorram, para o órgão ou serviço ou atividade, da aplicação das prescrições legais e convencionais» (al. h)) e «fornecer ao trabalhador a informação e a formação adequadas à prevenção de riscos de acidente e doença» (al. i)).

M) – O direito a um regime jurídico especial em matéria de férias, faltas e licenças – não obstante a aproximação efetuada pela LTFP ao regime constante do Código do Trabalho, os trabalhadores que exercem funções públicas possuem ainda, e apesar de tudo, um regime jurídico específico em matéria de férias, faltas e licenças, que não faz agora qualquer destrinça entre trabalhadores nomeados e contratados. Neste âmbito, merecem especial destaque o **direito a férias**, o **direito a faltar justificadamente** ao serviço, sempre que se verifiquem as circunstâncias previstas na lei como susceptíveis de relevar a ausência ao serviço, e o **direito a licenças** (o regime específico sobre férias, faltas e licenças encontra-se previsto nos arts. 126º a 142º e 280º a 283º da LTFP e, subsidiariamente, em tudo o que for omisso, nos correspondentes preceitos do Código do Trabalho); refira-se, contudo, que os trabalhadores em funções públicas abrangidos pelo regime da proteção social convergente continuam a manter um conjunto de normas próprias em matéria de faltas por doença previsto nos arts. 14º a 40º da Lei preambular nº 35/2014, de 20 de junho.

N) – O direito à proteção na educação – na esteira da liberdade de aprender e ensinar (artº 43º da CRP), o direito à educação previsto no artº 73º da CRP projeta-se e materializa-se também na esfera jurídica dos trabalhadores através do instituto do trabalhador-estudante. Em virtude de opção político-legislativa tomada nesse sentido, aos trabalhadores que exercem funções públicas, sejam eles nomeados ou contratados, aplica-se o **estatuto do trabalhador-estudante** previsto no Código do Trabalho por força do disposto no artº 4º, nº 1, al. f) da LTFP. O direito à educação dos trabalhadores em funções públicos encontra-se consubstanciado, pois, naquele estatuto do trabalhador-estudante que se traduz e consiste no reconhecimento e atribuição de um conjunto de créditos de horas de dispensa de serviço e de outras facilidades que permitam ao trabalhador, que frequenta qualquer nível de educação escolar, bem como curso de pós-graduação, mestrado ou doutoramento em instituição de ensino, ou ainda curso de formação profissional com duração igual ou superior a seis meses, as condições mínimas ajustáveis à frequência das aulas e à inerente deslocação para os respetivos estabelecimentos de ensino.

O) – O direito à formação profissional – trata-se de um direito funcional imanente do artº 58º, nº 2, al. c) da CRP, concretizado no artº 5º da LTFP e no Dec. – Lei nº 50/98, de 11 de março, que definiu «as regras e os princípios que regem a formação profissional na Administração Pública» (artº 1º), alterado pelo Dec. – Lei nº 70/2000, de 5 de maio, e pelo Dec. – Lei nº 17472001, de 31 de maio.

No artº 71º, nº 1, al. d) da LTFP preceitua-se que «o empregador público deve (...) contribuir para a elevação do nível de produtividade do trabalhador, nomeadamente proporcionando-lhe formação profissional», devendo ainda permitir-lhe a frequência «de ações de formação profissional adequadas à sua qualificação, nos termos de legislação especial» (nº 2), especificando-se por fim no artº 72º, nº 2, que «os trabalhadores têm o direito de frequentar ações de formação e aperfeiçoamento necessárias ao seu desenvolvimento profissional».

O direito à formação profissional é também enfatizado no artº 67º, nº 2 da LTFP quando aí se prescreve a obrigação do empregador proporcionar formação profissional também ao trabalhador contratado a termo.

O Dec. – Lei nº 50/98, de 11 de Março, é o diploma que estabelece as regras e princípios que regem a formação profissional na Administração Pública. Nele se regula o exercício deste direito à formação de forma pormenorizada, enunciando-se no seu artº 4º que os trabalhadores que exercem funções públicas «têm» não só «o direito de frequentar ações de formação profissional» (nº 1), como também se encontram simultaneamente «obrigados a frequentar as ações de formação profissional para que forem designados, especialmente as que se destinem a melhorar o seu desempenho profissional ou a suprir carências detetadas na avaliação do seu desempenho» (nº 2). No artº 24º do diploma em apreço reconhece-se ainda ao trabalhador o direito a auto-formação que se entende como «o acesso à formação profissional por iniciativa individual», na área em que se encontra inserido, por entender a mesma necessária à sua qualificação profissional.

P) – O direito à associação e à atividade sindical – são direitos de natureza coletiva na medida em que a sua existência e o seu exercício pressupõem o envolvimento e participação cívica dos trabalhadores em organizações sociais de defesa dos seus direitos e interesses; tratam-se assim de direitos que resultam e decorrem da liberdade sindical hoje constitucionalmente reconhecida aos trabalhadores como «condição e garantia da construção da sua unidade para defesa dos seus direitos e interesses» (artº 55º, nº 1 da CRP). Assim,

«*No exercício* desta *liberdade sindical é garantido* a todos os *trabalhadores*», logo também aos trabalhadores que exercem funções públicas, «sem qualquer discriminação, designadamente:
  a) A liberdade de constituição de associações sindicais a todos os níveis;
  b) A liberdade de inscrição, não podendo nenhum trabalhador ser obrigado a pagar quotizações para sindicato em que não esteja inscrito;
  c) A liberdade de organização e regulamentação interna das associações sindicais;
  d) O direito de exercício de atividade sindical na empresa (logo, também no seio da Administração Pública),
  e) O direito de tendência, nas formas que os respetivos estatutos determinarem».
(artº 55º, nº 2 da CRP)

De seguida fixam-se nos nºs 3, 4 e 5 deste artº 55º da CRP um conjunto de princípios e regras a que os sindicatos devem obedecer na sua organização e funcionamento, para no seu nº 6 regressar-se ao âmbito da participação sindical propriamente dita, nomeadamente quando aí se garante que «*os representantes dos trabalhadores gozam do direito à informação e consulta, bem como à proteção legal adequada contra quaisquer formas de condicionamento, constrangimento ou limitação do exercício legítimo das suas funções*».

Por força do disposto no artº 54º da CRP, assiste também aos trabalhadores que exercem funções públicas o direito de criarem comissões de trabalhadores.

No que toca aos direitos das associações sindicais e à contratação coletiva dispõe-se, por fim, no artº 56º da CRP o seguinte:

«*1. Compete às associações sindicais defender e promover a defesa dos direitos e interesses dos trabalhadores que representem.*
2. Constituem direitos das associações sindicais:
  a) Participar na elaboração da legislação do trabalho;
  b) Participar na gestão das instituições de segurança social e outras organizações que visem satisfazer os interesses dos trabalhadores;

c) Pronunciar-se sobre os planos económico-sociais e acompanhar a sua execução;

d) Fazer-se representar nos organismos de concertação social, nos termos da lei;

e) Participar nos processos de reestruturação da empresa, especialmente no tocante a ações de formação ou quando ocorra alteração das condições de trabalho.

3. Compete às associações sindicais exercer o direito de contratação coletiva, o qual é garantido nos termos da lei.

4. A lei estabelece as regras respeitantes à legitimidade para a celebração das convenções coletivas de trabalho, bem como à eficácia das respetivas normas.»

O exercício da liberdade sindical no seio da Administração Pública encontra-se hoje pormenorizadamente regulado nos arts. 314º a 346º da LTFP e, subsidiariamente, no Código do Trabalho.

Q) – O direito à greve – trata-se de outro direito coletivo uma vez que a sua existência e o seu exercício dependem do envolvimento e participação cívica de um conjunto de trabalhadores em torno de processos reivindicativos destinados à prossecução de objetivos ou fins comuns relacionadas com a defesa dos seus legítimos direitos e interesses profissionais, desencadeados pelas respetivas organizações sindicais. Este direito não se assume, por isso, como um direito destas mesmas organizações sindicais, isto é, dos sindicatos. Ele é, sim, um verdadeiro e próprio direito do trabalhador singular (vd. artº 57º da CRP e artº 394º, nº 1 da LTFP), condicionado porém pelo facto do seu exercício depender da iniciativa dos sindicatos (cf. arts. 395º e 396º da LTFP, que prescreve que é aos sindicatos, excecionalmente, às assembleias de trabalhadores, que compete decidir sobre o recurso à greve e emitir o consequente pré-aviso de greve).

É tal a importância deste direito na caracterização e definição dos modernos Estados democráticos que as respetivas constituições lhe dedicaram uma particular previsão e proteção constitucionais. Portugal não é, neste particular, exceção, nomeadamente quando a nossa Constituição releva e destaca tal direito num artº 57º integrado no Capítulo III – Direitos, liberdades e garantias dos trabalhadores, do Título II – Direitos, liberdades e garantias, na Parte I – Direitos Fundamentais.

Não existe na LTFP, à semelhança do que acontece no Código do Trabalho, de onde aliás aquele regime vai buscar tal instituto, qualquer definição legal do conceito de greve. O que é então uma greve, ou melhor, que comportamentos é que devem ser entendidos como integrantes e caraterizadores da figura da greve? António Monteiro Fernandes, reconhecido especialista na área do Direito de Trabalho, dá-nos a resposta impressiva que procuramos. Diz-nos ele a certo passo da sua obra «Direito do Trabalho» (Almedina, 12ª Edição, 2005) o seguinte:

«Assentemos, pois, no seguinte: *a greve em sentido jurídico só é preenchida por comportamentos conflituais consistentes na abstenção coletiva e concertada da prestação de trabalho, através da qual um grupo de trabalhadores intenta exercer pressão no sentido de obter a realização de certo interesse ou objetivo comum*». «Trata-se, em primeiro lugar, de uma *abstenção de trabalho*». Em segundo lugar, de «uma *abstenção coletiva* da prestação de trabalho». Em terceiro lugar, de uma paralisação coletiva que se restringe apenas «aos *trabalhadores subordinados*». E, por último, que na noção exposta de greve há que ter em conta «o *móbil* da abstenção coletiva de trabalho», que consiste na existência de «uma pretensão comum aos trabalhadores envolvidos, a qual serve de fundamento à *decisão concertada* de empreender a greve».

«Em todo o caso, repete-se, é tido geralmente como indispensável (...) que haja *recusa ou abstenção coletiva* do cumprimento (total ou parcial) da prestação de trabalho enquanto objeto de obrigação contratual do trabalhador» para que se esteja perante uma verdadeira greve. Ora, como não existem períodos de efetiva e total abstenção de atividade na "greve" de zelo e na greve de rendimento, entende assim o autor que, nestes casos, estamos perante «situações alheias ao direito à greve». O mesmo já não diz de «todas aquelas outras modalidades de conduta conflitual dos trabalhadores que, em condições diversas, têm de comum a ocorrência de verdadeira abstenção de trabalho», dando como exemplo o caso da recusa da prestação de trabalho extraordinário (vd. págs. 876, 877 e 890 a 892 da obra citada).

Não obstante esta posição doutrinária, António Monteiro Fernandes, reconhece que «a inexistência de uma delimitação legal dos comportamentos cobertos pelo direito à greve» deve ser «interpretada como expressão de um atitude de "receção" dos dados da experiência social, a qual de resto se conjuga» para a aceitação de comportamentos atípicos como os da *greve de zelo* (em que as atividades profissionais são feitas de forma demasiado minuciosa e demorada de modo a prejudicar o funcionamento normal da empresa ou serviço) ou de *greve de rendimento* (traduzível numa redução deliberada dos ritmos normais de trabalho) como greve apenas na medida em que elas funcionam também «como meios, coletivamente assumidos, de coação direta ou indireta em conflitos laborais».

R) – O direito de exprimir a opinião técnica em matéria de serviço – trata-se de um direito que decorre da natureza e características próprias das funções públicas prosseguidas pela Administração Pública, sendo por elas moldado. Daí a sua qualificação como direito funcional. Vejamo-lo!

O facto do trabalhador que exerce funções públicas se encontrar adstrito e vinculado aos princípios da legalidade e da prossecução e defesa do interesse público, que caracterizam o serviço público e a entidade empregadora pública para a qual trabalha, sendo-lhe por esse facto reconhecido um especial estatuto profissional jus publicista, aliado aos deveres próprios que daqui decorrem para ele e que se encontram previstos no artº 73º da LTFP, nomeadamente os deveres de prossecução do interesse público e de zelo (nºs 2, als. a) e e), 3 e 7), determinam o aparecimento na esfera jurídica deste trabalhador de um especial direito, simultaneamente dever, de exprimir a sua opinião técnica em matéria de serviço. Isto é, assiste-lhe aqui não só o direito, como também o dever, de alertar e colaborar ativamente com o respetivo dirigente, chamando-o a atenção para a forma legal e técnica mais correta da Administração Pública agir na prossecução das atribuições e competências que se lhe encontram cometidas por lei. O trabalhador, através deste direito, é chamado assim a participar e colaborar ativamente na formação e execução das decisões e deliberações da Administração Pública.

«Tal direito», como bem salienta João Alfaia («Conceitos Fundamentais do Regime Jurídico do Funcionalismo Público», Almedina , Coimbra, 1985, Vol. I, págs. 547 e 548), «não permite, todavia, a desobediência à orientação formulada em última instância pelo superior competente, nem a obstrução à mesma». A necessidade de respeitar e preservar a ordem hierárquica que caracteriza a organização e o funcionamento da nossa Administração Pública e o facto dos dirigentes se encontrarem eles próprios vinculados ao respeito pelos princípios da legalidade e da prossecução e defesa do interesse público que caracterizam o serviço público, desaconselham, e impedem mesmo, a transformação deste direito de colaboração numa espécie de direito de imposição que conduziria, em última instância, à total subversão da hierarquia e obstrução do normal funcionamento na Administração Pública.

No que diz respeito a este direito de exprimir a opinião técnica em matéria de serviço, importa referir ainda que resulta dos arts. 71º, nº 1, al. e), 72º, nº 1, al. a) e, fundamentalmente, 73º, nºs 2, al. e) e 7 da LTFP, não só o reconhecimento deste direito como um direito funcional de todos os trabalhadores que exercem funções públicas, como o releva e situa no plano de um verdadeiro e próprio direito fundamental de natureza constitucional, no âmbito da proteção que aí se dá aos **direitos de personalidade** (vd. ainda o artº 4º, nº 1, al. b) da LTFP). Assim, neste âmbito, a LTFP identifica e reconhece aos trabalhadores que exercem funções públicas, no âmbito do exercício efetivo das suas funções profissionais, um conjunto importante de direitos fundamentais que se passam a enunciar:

a) **O direito à liberdade de expressão e de opinião** (artº 14º do Código do Trabalho);

b) **O direito à reserva da intimidade da vida privada** (que abrange quer o acesso quer a divulgação de aspectos atinentes à esfera íntima e pessoal das partes, nomeadamente relacionados com a vida familiar, afetiva e sexual, com o estado de saúde e com as convicções políticas e religiosas; artº 16º do Código do Trabalho);

c) **O direito à proteção de dados pessoais** (artº 17º do Código do Trabalho), que se traduz no facto do empregador público não poder «exigir ao candidato a emprego ou ao trabalhador que preste informações relativas à sua vida privada, salvo quando estas sejam estritamente necessárias e relevantes para avaliar da respetiva aptidão no que respeita à execução do contrato e seja fornecida por escrito a respetiva fundamentação» (nº 1, al. a)); não poder exigir «que preste informações relativas à sua saúde ou estado de gravidez, salvo quando particulares exigências inerentes à natureza da actividade profissional o justifiquem e seja fornecida por escrito a respetiva fundamentação» (nº 1, al. b)); não poder usar as informações de índole pessoal fornecidas pelo candidato a emprego ou pelo trabalhador sem o seu consentimento e controlo (nº 3); sobre o tratamento dos dados biométricos veja-se o disposto no artº 18º do Código do Trabalho;

d) **O direito à respetiva integridade física e moral** (artº 15º do Código do Trabalho);

e) **O direito de se recusar à «realização ou apresentação de testes e exames médicos, de qualquer natureza, para comprovação das condições físicas ou psíquicas,** salvo quando estes tenham por finalidade a proteção e segurança do trabalhador ou de terceiros, ou quando particulares exigências inerentes à atividade o justifiquem, devendo em qualquer caso ser fornecida por escrito ao candidato a emprego ou trabalhador a respetiva fundamentação» (artº 19º do Código do Trabalho);

f) **O direito de se opor à utilização por parte do empregador público de quaisquer meios de vigilância à distância no local de trabalho, mediante o emprego de equipamento tecnológico, com a finalidade de controlar o desempenho profissional do trabalhador** (artº 20º do Código do Trabalho); contudo, admite-se a licitude do recurso a tais meios «sempre que tenha por finalidade a proteção e segurança de pessoas e bens ou quando particulares exigências inerentes à natureza da actividade o justifiquem» (nº 2) e desde que, nestes casos, o empregador público informe devidamente «o trabalhador sobre a existência e finalidade dos meios de vigilância utilizados» (nº 3) e obtenha a devida autorização prévia da Comissão Nacional de Protecção de Dados (artº 21º, nº 1 do Código do Trabalho);

g) **O direito à confidencialidade de mensagens e de acesso a informação** que se traduz em concreto no direito que o trabalhador goza «de reserva e confidencialidade relativamente ao conteúdo das mensagens de natureza pessoal e acesso a informação de carácter não profissional que envie, receba ou consulte, nomeadamente através do correio electrónico» (artº 22º, nº 1 do Código do Trabalho).

S) – O direito de protestar perante ordens que repute ilegais – este direito, também funcional, surge-nos por força dos limites que a hierarquia e os princípios da legalidade e da prossecução e defesa do interesse público colocam ao entendimento e aplicação daquela direito anterior.

Assim, a necessidade de preservar a funcionalidade da hierarquia e de evitar a obstrução e a paralisia da ação da Administração Pública fez com que o direito de exprimir a opinião técnica em matéria de serviço por parte do trabalhador que exerce funções públicas fosse concebido e compaginado no quadro do respeito pelo dever de obediência por parte deste mesmo trabalhador relativamente ao respetivo dirigente, dever este resultante da nossa Administração Pública se encontrar precisamente estruturada de forma hierárquica. Consequentemente, os trabalhadores que exercem funções públicas devem em princípio obediência a todas as ordens ou instruções emanadas do legítimo superior hierárquico e em matéria de serviço, mesmo que ilegais. Enquanto membros de uma organização administrativa estruturada de forma hierárquica que só prossegue a realização do interesse público no respeito pela lei, os dirigentes da Administração Pública beneficiam também eles da presunção da legalidade que informa e caracteriza a actuação desta. Isto é, até prova em contrário, as ordens e instruções emanadas dos dirigentes, que se perfilem como legítimos superiores hierárquicos dos respetivos trabalhadores, dadas em matéria de serviço, presumem-se assim legais. Por força desta presunção de legalidade, o trabalhador deve obediência a estas ordens e instruções, mesmo que lhe pareçam ilegais. Contudo, a Constituição e a lei acautelam a eventual responsabilidade do trabalhador pela execução daquelas ordens ou instruções que se vierem a apurar como efetivamente ilegais, excluindo-a, «se previamente delas tiver reclamado ou tiver exigido a sua transmissão ou confirmação por escrito» (artº 271º, nº 2 da CRP, e artº 177º da LTFP). O direito do trabalhador de protestar perante ordens que repute ilegais traduz-se assim na exclusão da sua responsabilidade pelos prejuízos que aquelas ordens e instruções eventualmente causarem, se previamente delas tiver reclamado ou tiver exigido a sua transmissão ou confirmação por escrito, e não na desobrigação do cumprimento seu dever de obediência.

Neste contexto, **o direito do trabalhador de protestar perante ordens que repute ilegais exerce-se por uma de três formas:**
a) **Por reclamação;**
b) **Por exigência da sua transmissão ou confirmação por escrito;** ou, ainda,
c) **Por comunicação escrita feita pelo trabalhador ao seu imediato superior hierárquico em que o informa dos «termos**

exactos da ordem ou da instrução recebidas e da reclamação ou do pedido formulados, bem como a não satisfação destes», «quando a decisão da reclamação ou a transmissão ou confirmação da ordem ou instrução por escrito não tenha lugar dentro do tempo em que, sem prejuízo, o cumprimento destas possa ser demorado», executando seguidamente a ordem ou instrução» (artº 177º, nº 3 da LTFP).

T) – **O direito de resistência perante ordens criminais** – o dever de obediência do trabalhador que exerce funções públicas cessa, porém, sempre que o cumprimento das ordens e instruções implique a prática de qualquer crime (artº 271º, nº 3 da CRP e artº 177º, nº 5 da LTFP). Perante ordens e instruções de natureza criminal entende-se que assiste ao trabalhador não só o direito a não obedecer como até o direito de resistir ou de se opor à sua execução. Nos arts. 372º a 386º do Código Penal vêm tipificados quais os crimes cometidos no exercício de funções públicas, já anteriormente enunciados no âmbito do princípio da prossecução do interesse público e da proteção dos direitos e interesses dos cidadãos.

Terminado o enunciado dos principais direitos dos trabalhadores que exercem funções públicas que emergem diretamente da sua relação ou vínculo jurídico de emprego público, há a referir ainda, pela sua importância, a existência de mais quatro direitos que assomem na esfera jurídica destes trabalhadores por força das garantias que o Código do Procedimento Administrativo reconhece aos particulares no âmbito das relações e procedimentos administrativos que estabelecem com a Administração Pública. Na medida em que os trabalhadores que exercem funções públicas se assumem simultaneamente como particulares nas relações e procedimentos administrativos que constituem com a própria Administração Pública, adquirem por força disto os direitos e garantias reconhecidos aos particulares naquele Código do Procedimento Administrativo. Vejamo-los, pois!

U) – **O direito à informação** – trata-se de um direito genérico, reconhecido a todos os particulares que se relacionam com a Administração Pública, de serem por ela informados, «sempre que o requeiram, sobre o andamento dos procedimentos que lhes digam diretamente respeito, bem como o direito de conhecer as resoluções definitivas que sobre eles forem tomadas» (artº 82º, nº 1 do CPA). Na medida em que os trabalhadores públicos se podem relacionar com a Administração Pública como se de particulares fossem, assiste-lhes assim o direito de serem também informados sobre o andamento dos procedimentos administrativos em que sejam diretamente interessados, mesmo naqueles que se geram no âmbito da respetiva relação jurídica de emprego público. Desta forma, os trabalhadores que exercem funções públicas acabam por ser também eles titulares deste direito reconhecido a todos os particulares.

Com a publicação do LTFP o direito à informação, sob a forma de encargo cometido à Administração Pública, passou a fazer parte integrante do conjunto de direitos e deveres dos trabalhadores que exercem funções públicas. Como exemplo do que acabamos de dizer, temos o disposto nos arts. 64º e 73º, nºs 2, al. d) e 6 da LTFP, que cometem ao empregador público a obrigação de informar os trabalhadores públicos sobre os seus direitos e deveres e demais aspetos relevantes que emergem do respetivo vínculo de emprego público.

V) – O direito a serem notificados dos atos administrativos em que sejam interessados – os trabalhadores que exercem funções públicas, enquanto sujeitos das relações jurídicas que estabelecem com a Administração Pública, têm ainda direito, de acordo com o disposto nos arts. 110º do CPA, a ser notificados dos atos administrativos que:
   a) Decidam sobre quaisquer pretensões por eles formuladas;
   b) Imponham deveres, sujeições ou sanções, ou causem prejuízos;
   c) Criem, extingam, aumentem ou diminuam direitos ou interesses legalmente protegidos, ou afetem as condições do seu exercício.

X) – O direito à audiência prévia dos interessados – trata-se igualmente de um direito emergente e característico do nosso procedimento administrativo, reconhecido a todos os que nele tenham interesse; ora, na medida em que os trabalhadores que exercem funções públicas podem também surgir como partes interessadas num determinado procedimento administrativo, assiste-lhes assim também o direito, reconhecido a todos os interessados, «de ser ouvidos no procedimento antes de ser tomada a decisão final, devendo ser informados, nomeadamente, sobre o sentido provável desta» – **audiência dos interessados** (artº 121º do CPA).

Z) – **O direito à fundamentação dos atos administrativos** – por força do disposto nos arts. 152º a 154º do CPA, os trabalhadores que exercem funções públicas têm, por fim, também direito a que os atos administrativos que lhes digam respeito sejam expressamente fundamentados sempre que os mesmos, «total ou parcialmente:
  a) Neguem, extingam, restrinjam ou afectem por qualquer modo direitos ou interesses legalmente protegidos, ou imponham ou agravem deveres, encargos ou sanções;
  b) Decidam reclamação ou recurso;
  c) Decidam em contrário de pretensão ou oposição formulada por interessado, ou de parecer, informação ou proposta oficial;
  d) Decidam de modo diferente da prática habitualmente seguida na resolução de casos semelhantes, ou na interpretação e aplicação dos mesmos princípios ou preceitos legais;
  e) Impliquem revogação, modificação ou suspensão de ato administrativo anterior».
  (vd. artº 152º, nº 1 do CPA)

Uma última palavra, a finalizar, sobre a **figura da mobilidade**. Quando no Dec. – Lei nº 427/89, de 7 de Dezembro, diploma que regulava o «Regime de constituição, modificação e extinção da relação jurídica de emprego na Administração Pública», se previa e admitia a possibilidade dos trabalhadores recorrerem, por sua iniciativa e interesse próprios, aos institutos da transferência, da permuta, da requisição e do destacamento, não seria então despiciendo falar-se na existência de um **direito à mobilidade** por parte dos funcionários e agentes. Porém, na sequência da publicação da Lei nº 53/2006, de 7 de Dezembro, sobre o «Regime comum de mobilidade entre serviços dos funcionários e agentes da Administração Pública», sucessivamente alterado, operou-se a revogação de todas aquelas figuras de transferência, permuta, requisição e destacamento, com a sua consequente substituição pela nova figura única da mobilidade. Ora, de acordo com o novo regime de mobilidade, seja ela geral (que consta hoje dos arts. 92º a 100º da LTFP) ou especial, rebatizada de requalificação pela Lei nº 80/2013, de 28 de novembro (que revogou aquela Lei nº 53/2006, de 7 de Dezembro, sobre o «Regime comum de mobilidade entre serviços dos funcionários e agentes da Administração Pública»), que aprovou o regime jurídico da requalificação de trabalhadores em funções públicas, e pela atual LTFP, nos seus arts. 258º a 275º, seja externa (cedência de interesse público – artº 241º da LTFP) ou interna (que por sua vez pode revestir as modalidades de mobilidade na categoria e de mobilidade intercarreiras ou categorias, regulada nos arts. 92º e ss da LTFP), só haverá hoje lugar à utilização desta figura da mobilidade quando se verifique a existência de um interesse público, invocável naturalmente pela própria Administração Pública. Consequentemente, ao não se prever a possibilidade legal do trabalhador recorrer a esta mobilidade, fundada em iniciativa e interesse próprios, afigura-se-nos particularmente difícil a sua integração no conjunto de matérias que constituem a esfera jurídica dos trabalhadores que exercem funções públicas suscetível de invocação dos respetivos direitos. Daí a não inclusão da mobilidade no elenco de direitos destes trabalhadores anteriormente feito. Tal situação parece-nos um claro retrocesso em relação ao quadro legislativo anterior e incompreensível no contexto de um país membro duma União Europeia que alicerça e baseia o seu projecto precisamente na defesa da livre circulação de pessoas e trabalhadores, de bens, serviços e capitais no seu seio.

16. Os deveres dos trabalhadores que exercem funções públicas

Ao contrário dos direitos, os deveres dos trabalhadores que exercem funções públicas encontram-se praticamente previstos e consubstanciados num único diploma legal, a saber, na LTFP, que absorveu no seu seio o conteúdo da anterior Lei nº 58/2008, de 9 de setembro, que aprovou o «Estatuto Disciplinar dos Trabalhadores que Exercem Funções Públicas».

O artº 183º da LTFP define-nos infração disciplinar como sendo todo «o comportamento do trabalhador, por ação ou omissão, ainda que meramente culposo, que viole deveres gerais ou especiais inerentes à função que exerce». Assim, para que exista uma infracção disciplinar é preciso que o comportamento do trabalhador viole algum dos deveres gerais e especiais inerentes às funções que exerce, o que deixa deste modo de fora o exercício de quaisquer outras funções que não resultem e radiquem no especial vínculo de emprego público que o liga à Administração Pública.

E que deveres funcionais são esses?

De acordo com o artº 73º da LTFP, **os trabalhadores que exercem funções públicas estão sujeitos a dois tipos de deveres, a saber:**

1. Os deveres gerais – que se caracterizam por serem aqueles deveres que recaem sobre todo e qualquer trabalhador que exerce funções públicas e que têm a ver com a própria essência da Administração Pública;

2. Os deveres especiais – são os deveres que resultam direta e exclusivamente da natureza e características concretas do serviço público a que o trabalhador se encontra afeto.

O artº 73º, nº 2 da LTFP enuncia-nos os deveres gerais a que os trabalhadores que exercem funções públicas se encontram sujeitos, a saber:

A) – O dever de prossecução do interesse público – «consiste na sua defesa, no respeito pela Constituição, pelas leis e pelos direitos e interesses legalmente protegidos dos cidadãos» (artº 73º, nºs 2, al. a) e 3 da LTFP). Este dever não pretende mais do que sublinhar que os trabalhadores públicos se encontram «exclusivamente vinculados ao serviço do interesse público, tal como é definido, nos termos da lei, pelos órgãos competentes da Administração», competindo-lhes contudo prosseguir aquele interesse público no respeito pela Constituição e a lei, bem como dos direitos e interesses fundamentais dos cidadãos. Prosseguir interesses diferentes que não públicos, nomeadamente particulares, faz incorrer os respetivos trabalhadores em eventuais práticas criminais suscetíveis de responsabilidade criminal.

B) – O dever de isenção – «consiste em não retirar vantagens, diretas ou indiretas, pecuniárias ou outras, para si ou para terceiro, das funções que exerce» (artº 73º, nºs 2, al. b) e 4 da LTFP). Significa isto que os trabalhadores que exercem funções públicas têm assim o dever de agir com independência, tratando todos por igual, sem qualquer discriminação, não aceitando quaisquer vantagens pelo exercício das funções que lhes estão confiadas, nem admitindo pressões ou influências de cariz particular.

C) – O dever de imparcialidade – «consiste em desempenhar as funções com equidistância relativamente aos interesses com que seja confrontado, sem discriminar positiva ou negativamente qualquer deles, na perspetiva do respeito pela igualdade dos cidadãos» (artº 73º, nºs 2, al. c), e 5 da LTFP). Trata-se de um dever autonomizado pelo Estatuto Disciplinar aprovado pela Lei nº 58/2008, de 9 de setembro, que não vinha previsto no anterior diploma congénere. Contudo, importa referir que este é um dever tautológico na medida em que o mesmo, pelas suas características e definição, se subsume e cabe no âmbito do dever de isenção enunciado atrás. Como garantia desta imparcialidade, o CPA definiu e estabeleceu um conjunto de impedimentos e incompatibilidades destinado a afastar e impedir a participação dos trabalhadores que exercem funções públicas nos procedimentos administrativos onde possam ter um interesse suscetível, de algum modo, afetar a sua isenção (arts. 44º e ss).

D) – O dever de informação – «consiste em prestar ao cidadão, nos termos legais, a informação que seja solicitada, com ressalva daquela que, naqueles termos, não deva ser divulgada (artº 73º, nºs 2, al. d), e 6 da LTFP). É um dever novo na medida em que só foi autonomizado através da Lei nº 58/2008, de 9 de setembro, que aprovou o anterior estatuto disciplinar ao contido na atual LTFP. Este dever, que obriga os trabalhadores que exercem funções públicas a prestar informações aos cidadãos sobre todos os assuntos que lhes digam diretamente respeito e sejam por eles solicitados, é o reverso do direito à informação que caracteriza o atual procedimento administrativo tal como ele é hoje concebido e regulado pelo CPA.

E) – O dever de zelo – «consiste em conhecer e aplicar as normas legais e regulamentares e as ordens e instruções dos superiores hierárquicos, bem como exercer as funções de acordo com os objetivos que tenham sido fixados e utilizando as competências que tenham sido consideradas adequadas» (artº 3º, nºs 2, al. e), e 7 da LTFP). Significa que o trabalhador exerce as suas funções com total correção e eficiência na medida em que o faz no pressuposto de que conhece e respeita o quadro legal, regulamentar e de instruções dos respetivos superiores hierárquicos em que se move, bem como dos objetivos e competências que lhe cabem. Negligência e incompetência profissional são as situações que podem resultar da sua violação.

O artº 70º, nº 2 da LTFP, reporta-se a este dever quando nomeadamente prescreve que «na execução do contrato **devem as partes colaborar na obtenção da maior qualidade de serviço e produtividade**, bem como na promoção humana, profissional e social do trabalhador».

Igualmente se insere no âmbito deste dever a prescrição contida no artº 73º, nº 12 da LTFP, em que se determina que **«o trabalhador tem o dever de frequentar as ações de formação e aperfeiçoamento profissional na atividade em que exerce funções, das quais apenas pode ser dispensado por motivo atendível»**.

F) – O dever de obediência – «consiste em acatar e cumprir as ordens dos legítimos superiores hierárquicos, dadas em objeto de serviço e com a forma legal» (artº 73º, nºs 2, al. f), e 8 da LTFP). Porque integrado numa Administração Pública caracterizada por possuir uma organização estruturada de forma hierárquica, em que o escalão superior manda sobre o inferior, os trabalhadores públicos encontram-se assim obrigados a acatar e a cumprir as ordens dos respetivos superiores hierárquicos, desde que dadas em objeto de serviço e com forma legal. Da violação deste dever resulta a figura da desobediência.

G) – O dever de lealdade – «consiste em desempenhar as funções com subordinação aos objetivos do órgão ou serviço» (artº 73º, nºs 2, al. g), e 9 da LTFP). Não se trata de lealdade para com pessoas, mas sim de lealdade dos trabalhadores para com o interesse público e os objetivos prosseguidos pelo órgão e serviço em que prestam serviço.

H) – O dever de correção – «consiste em tratar com respeito os utentes dos órgãos ou serviços e os restantes trabalhadores e superiores hierárquicos» (artº 73º, nºs 2, al. h), e 10 da LTFP). Este dever, que não é mais do que variação do dever mais geral de boa educação e cortesia que deve presidir a todas as relações humanas, determina expressamente a obrigação dos trabalhadores que exerccm funções públicas se relacionarem com total e integral respeito com todos aqueles que com eles contatem por causa e força dessas suas funções, sejam utentes, superiores hierárquicos, colegas, mesmo que hierarquicamente inferiores.

I) – O dever de assiduidade – consiste em comparecer ao serviço de forma regular e contínua (artº 73º, nºs 2, al. i), e 11 da LTFP). Este dever e o que se segue encontram-se previstos e definidos em duas alíneas contíguas e num mesmo número do artº 73º da LTFP uma vez que ambos têm a ver com objeto fundamental da relação jurídica de emprego público, a saber, com a prestação efetiva de serviço assumida pelo trabalhador como contrapartida pela remuneração salarial e outros benefícios devidos pela Administração Pública. Trata-se do dever que os trabalhadores têm de comparecer todos os dias ao seu serviço, de forma regular e contínua. Autonomizámos assim este dever apenas para relevar a sua especificidade em relação ao da pontualidade.

J) – **O dever de pontualidade** – consiste em comparecer ao serviço nas horas que estejam designadas (artº 3º, nºs 2, al. j), e 11). Este dever traduz-se assim na obrigação mais concreta dos trabalhadores respeitarem e cumprirem com os seus horários de trabalho diários, isto é, de chegarem e saírem do respetivo serviço a horas de acordo com o horário que lhes for arbitrado.

O **dever de sigilo**, que constava do estatuto disciplinar anterior ainda ao do da Lei nº 58/2008, de 9 de setembro, acabou por cair e desaparecer com a publicação deste diploma, não tendo a LTFP o repristinado, daí o facto de não o termos referido anteriormente. Pensamos que a eliminação deste dever daquele elenco se ficou a dever à progressiva adoção do princípio da transparência no âmbito da organização e funcionamento da nossa Administração Pública, que a acabou por levar a mudar de paradigma, transformando-a de uma administração fechada e sigilosa numa administração aberta e democrática, em que se assegura e garante os direitos à informação e participação a todos quantos com ela se relacionam. Contudo, este dever continua a existir no seio da nossa Administração Pública mas enquanto dever especial, característico apenas de alguns serviços públicos ou carreiras especiais a que o trabalhador se encontra adstrito.

Quanto aos **deveres especiais**, que são aqueles que resultam direta e exclusivamente da natureza e características concretas do serviço público a que o trabalhador se encontra afeto, encontram-se previstos e regulados numa série avulsa de diplomas de caráter orgânico dos respetivos serviços ou de enquadramento e estabelecimento do regime de algumas carreiras especiais, como é o caso do Dec. – Lei nº 170/2009, de 3 de agosto, que estabelece o regime da carreira especial de inspecção. O seu artº 7º prevê e sujeita estes profissionais a um especial dever de sigilo. É pois no âmbito destes diplomas que se devem procurar estes deveres especiais.

A finalizar importa referir que o estatuto disciplinar dos trabalhadores que exercem funções públicas constante da LTFP não se limita apenas a fixar os deveres gerais dos trabalhadores que exercem funções públicas, aí se prevendo e consagrando também uma série de direitos processuais

no âmbito do respetivo procedimento administrativo que, pela sua importância, importa referir, como sejam:
1. **O direito à constituição de advogado** – para melhor se defender das acusações que lhe vierem a ser formuladas (artº 202º da LTFP);
2. **O direito a deduzir incidente de suspeição** – pelas razões e fundamentos enunciados no artº 209º da LTFP;
3. **O direito à notificação da acusação** – quem é acusado tem direito a saber em concreto do que é acusado para que assim se possa cabalmente defender dentro de um prazo razoável dado para esse efeito (artº 214º da LTFP);
4. **O direito ao exame do processo e apresentação da defesa** – nos termos do artº 216º da LTFP;
5. **O direito à confiança do processo** – exercido apenas através do respetivo advogado (artº 217º da LTFP);
6. **O direito à apresentação da defesa por escrito e à produção da prova por parte do arguido** – de acordo com o previsto nos arts. 214º e 218º da LTFP;
7. **O direito à notificação da decisão** – previsto no artº 222º da LTFP;
8. **O direito ao recurso a meios impugnatórios da decisão disciplinar** – quer pela via hierárquica, tutelar e judicial (arts. 224º e seguintes da LTFP).

17. As garantias de imparcialidade. Impedimentos e incompatibilidades

Conforme tivemos a oportunidade de referir anteriormente, o princípio da imparcialidade que informa e enforma a nossa Administração Pública, previsto no artº 266º, nº 2 da CRP, e que se traduz na sujeição dos respetivos trabalhadores aos deveres de isenção e imparcialidade, visa fundamentalmente assegurar que a atividade administrativa desenvolvida pelos seus órgãos e agentes públicos se faça de forma isenta e equidistante no que toca aos interesses em presença nos casos concretos em que seja chamada a intervir e decidir, procurando-se respeitar aí apenas o interesse e fim públicos prosseguidos pela própria Administração Pública (assumido também como princípio no artº 266º, nº 1 da CRP).

Estes princípios caracterizadores da nossa Administração Pública, embora nada tenham a ver diretamente com o conjunto de direitos e deveres dos trabalhadores que exercem funções públicas propriamente dito, acabam porém por influenciar a sua esfera jurídica laboral pelo condicionamento que introduzem à sua capacidade de exercício enquanto trabalhadores públicos. Eis pois a razão que nos levou a abordar autonomamente esta questão das garantias da imparcialidade, dos impedimentos e das incompatibilidades dos trabalhadores que exercem funções públicas.

Passando os olhos pela nossa legislação, verifica-se que o legislador entendeu que esta matéria da imparcialidade devida pela Administração

Pública, na sua atividade de prossecução estrita do interesse e fim públicos que lhe estão cometidos, não deveria ser garantida apenas através da enunciação daquele conjunto de princípios e deveres, tendo optado assim pela previsão de um conjunto concreto de situações legais cuja verificação determina a inibição ou impedimento do exercício de funções públicas por parte dos respetivos trabalhadores na medida em que elas possam afetar de alguma maneira a imparcialidade que deve presidir ao funcionamento dos órgãos e agentes da Administração Pública.

Que situações são essas? Vejamo-las!

Um primeiro condicionamento à esfera jurídica e capacidade de exercício dos trabalhadores que exercem funções públicas resulta desde logo do disposto no artº 269º da CRP, nomeadamente quando aí se determina que estão «exclusivamente ao serviço do interesse público, tal como ele é definido, nos termos da lei, pelos órgãos competentes da Administração Pública» (nº 1), se proíbe «a acumulação de empregos ou cargos públicos, salvo nos casos expressamente admitidos por lei» (nº 2) e se prevê que a lei possa determinar «as incompatibilidades entre o exercício de empregos ou cargos públicos e o de outras atividades» (nº 3).

Um segundo condicionamento é, finalmente, aquele que resulta do quadro legal de garantias de imparcialidade previsto nos arts. 19º a 24º da LTFP e nos arts. 69º a 76º do CPA, sob a forma de impedimentos e incompatibilidades.

Desde logo, reafirma-se nos arts. 19º, nº 1 e 20º da LTFP que as funções públicas são, em regra, exercidas em regime de exclusividade, pelo que a eventual acumulação destas funções com outras funções públicas ou privadas tem caráter excecional, só podendo ocorrer nos casos e nas circunstâncias previstas nos arts. 21º a 24º da LTFP.

Seguidamente o artº 24º da LTFP e os arts. 69º e ss do CPA, para os quais aquele primeiro preceito remete, enunciam uma série de situações suscetíveis de impedirem ou tornarem incompatível o exercício de funções públicas por parte dos respetivos trabalhadores. As garantias de imparcialidade traduzem-se assim num conjunto de **impedimentos e incompatibilidades** fixados por lei suscetível de determinar o afastamento do trabalhador do exercício concreto das suas funções públicas.

Os **casos de impedimento** vêm expressamente enunciados no artº 69º do CPA (vd. arts. 19º a 24º da LTFP). Temos assim, que:

Artigo 69º
Casos de impedimento
«1 – *Salvo o disposto no nº 2, os titulares de órgãos da Administração Pública e os respetivos agentes, bem como quaisquer outras entidades que, independentemente da sua natureza, se encontrem no exercício de poderes públicos, não podem intervir em procedimento administrativo ou em ato ou contrato de direito público ou privado da Administração Pública, nos seguintes casos:*

a) Quando nele tenham interesse, por si, como representantes ou como gestores de negócios de outra pessoa;

b) Quando, por si ou como representantes ou gestores de negócios de outra pessoa, nele tenham interesse o seu cônjuge ou pessoa com quem viva em condições análogas às dos cônjuges, algum parente ou afim em linha reta ou até ao segundo grau da linha colateral, bem como qualquer pessoa com quem vivam em economia comum ou com a qual tenham uma relação de adoção, tutela ou apadrinhamento civil;

c) Quando, por si ou como representantes ou gestores de negócios de outra pessoa, tenham interesse em questão semelhante à que deva ser decidida, ou quando tal situação se verifique em relação a pessoa abrangida pela alínea anterior;

d) Quanto tenham intervindo no procedimento como perito ou mandatário ou hajam dado parecer sobre questão a resolver;

e) Quando tenha intervindo no procedimento como perito ou mandatário o seu cônjuge ou pessoa com quem viva em condições análogas às dos cônjuges, parente ou afim em linha reta ou até ao segundo grau da linha colateral, bem como qualquer pessoa com quem vivam em economia comum ou com a qual tenham uma relação de adoção, tutela ou apadrinhamento civil;

f) Quando se trate de recurso de decisão proferida por si, ou com a sua intervenção, ou proferida por qualquer das pessoas referidas na alínea b) ou com intervenção destas.

2 – Excluem-se do disposto no número anterior:

a) As intervenções que se traduzam em atos de mero expediente, designadamente atos certificativos;

b) A emissão de parecer, na qualidade de membro do órgão colegial competente para a decisão final, quando tal formalidade seja requerida pelas normas aplicáveis;

c) A pronúncia do autor do ato recorrido, nos termos do nº 2 do artigo 195º

Sempre que se verifique alguma daquelas situações o trabalhador fica desde logo impedido, «ope legis», de intervir ou participar no respetivo procedimento administrativo. Se for o próprio a detetar a situação, deve dela dar conhecimento imediato ao seu superior hierárquico, auto suspendendo-se. Se for o superior hierárquico a verificar a existência dessa situação, por si próprio ou por intermédio de requerimento de terceiro, deve ser ele então a promover o afastamento imediato do trabalhador. Seja como for, verificada a situação de impedimento, o afastamento consuma-se de imediato por força da lei, não podendo o próprio trabalhador ou o seu superior hierárquico impor a continuação da presença dele no respetivo procedimento administrativo. Isto é, constatada a existência efetiva de uma situação de impedimento, o dirigente que dela tiver conhecimento limita-se apenas a reconhecê-la e a declará-la (arts. 70º e 71º do CPA) – vd. ainda os arts. 72º e 73º do CPA.

Quanto aos **casos de incompatibilidade** vêm eles enunciados no artº 73º do CPA da seguinte forma:

Artigo 73º
Fundamento da escusa e suspeição
«1 – Os titulares de órgãos da Administração Pública e respetivos agentes, bem como quaisquer outras entidades no exercício de poderes públicos devem pedir dispensa de intervir no procedimento ou em ato ou contrato de direito público ou privado da Administração Pública quando ocorra circunstância pela qual se possa com razoabilidade duvidar seriamente da imparcialidade da sua conduta ou decisão e, designadamente:

a) Quando, por si ou como representante ou gestor de negócios de outra pessoa, nele tenha interesse parente ou afim em linha reta ou até ao terceiro grau da linha colateral, ou tutelado ou curatelado dele, do seu cônjuge ou de pessoa com quem viva em condições análogas às dos cônjuges;

b) Quando o titular do órgão ou agente, o seu cônjuge ou pessoa com quem viva em condições análogas às dos cônjuges, ou algum parente ou afim na linha reta, for credor ou devedor de pessoa singular ou coletiva com interesse direto no procedimento, ato ou contrato;

c) Quando tenha havido lugar ao recebimento de dádivas, antes ou depois de instaurado o procedimento, pelo titular do órgão ou agente, seu cônjuge ou pessoa com quem viva em condições análogas às dos cônjuges, parente ou afim na linha reta;

d) Se houver inimizade grave ou grande intimidade entre o titular do órgão ou agente, ou o seu cônjuge ou pessoa com quem viva em condições análogas às dos cônjuges, e a pessoa com interesse direto no procedimento, ato ou contrato;

e) Quando penda em juízo ação em que sejam parte o titular do órgão ou agente, o seu cônjuge ou pessoa com quem viva em condições análogas às dos cônjuges, parente em linha reta ou pessoa com quem viva em economia comum, de um lado, e, do outro, o interessado, o seu cônjuge ou pessoa com quem viva em condições análogas às dos cônjuges, parente em linha reta ou pessoa com quem viva em economia comum.

2 – Com fundamento semelhante, pode qualquer interessado na relação jurídica procedimental deduzir suspeição quanto a titulares de órgãos da Administração Pública, respetivos agentes ou outras entidades no exercício de poderes públicos que intervenham no procedimento, ato ou contrato».

A verificação destas situações, ao contrário dos casos de impedimento, constituem apenas fundamento para o próprio trabalhador pedir dispensa ou escusa de intervir no respetivo procedimento administrativo ou para terceiro interessado opor incidente de suspeição que obste à intervenção daquele. Seja como for, o afastamento efetivo do trabalhador depende aqui sempre de decisão do respetivo superior hierárquico nesse sentido (arts 74º e 75ºº do CPA), não operando assim ope legis. No caso de o dirigente considerar infundamentado e assim improcedente o pedido de escusa ou de suspeição, o trabalhador é obrigado a manter-se no procedimento administrativo, aí intervindo com observação integral dos seus deveres de isenção e imparcialidade.

As garantias de imparcialidade, sob a forma de impedimentos e incompatibilidades, dos titulares dos cargos políticos e altos cargos públicos constam da Lei nº 64/93, de 26 de agosto, sucessivamente alterado. As garantias dos eleitos locais vêm previstas na Lei nº 29/87, de 30 de junho, também ele profusamente alterado. As garantias do pessoal dirigente estão contempladas no respetivo estatuto aprovado pela Lei nº 2/2004, de 15 de Janeiro. Quanto às garantias do pessoal dos gabinetes veja-se o disposto no Dec. – Lei nº 196/93, de 27 de maio, e no Dec.– Lei nº 11/2012, de 20 de janeiro.

18. Os poderes funcionais

Quando investidos em funções públicas, os trabalhadores passam, como vimos, a ser titulares de um variado e complexo conjunto de direitos, deveres, impedimentos e incompatibilidades próprias, a que acrescem, por vezes, poderes funcionais.

O Estado e as demais pessoas coletivas públicas possuem, como já referimos, uma personalidade e capacidade jurídicas próprias e específicas que se destinam a garantir a prossecução do interesse e fim públicos que lhes estão cometidos. Esta especificidade traduz-se, por vezes, no reconhecimento e atribuição de um conjunto de poderes funcionais de autoridade, isto é, de jus imperii, com vista à prossecução daquele seu interesse e fim públicos. Serve isto para dizer e sublinhar que este conjunto de poderes funcionais é fixado e atribuído por lei em função da natureza e fins daquelas pessoas coletivas e, mais concretamente, dos respetivos órgãos e serviços, constituindo assim aquilo que são as respetivas atribuições e competências.

Não obstante só os órgãos possuírem, em rigor, poderes funcionais, isto é atribuições e competências, é corrente a utilização do termo competência em relação à esfera dos poderes atribuídos aos trabalhadores que exercem funções públicas nas suas relações com os particulares, mormente daqueles que exercem funções dirigentes. Daí se falar muitas vezes nas competências destes trabalhadores. Porém, tal utilização é feita aqui de forma incorreta na medida em que estes poderes não pertencem à esfera jurídica dos titulares daqueles órgãos, e muito menos dos trabalhadores públicos em geral, constituindo-se antes como as atribuições e competências das próprias pessoas coletivas e respetivos órgãos a que dizem respeito, sendo assim estas entidades as verdadeiras titulares dos mesmos.

Neste contexto, os poderes funcionais distinguem-se assim dos direitos dos trabalhadores que exercem funções públicas uma vez que enquanto estes são da titularidade direta destes, aqueles não fazem parte da esfera jurídica de quem os exerce, mas sim do âmbito das atribuições e competências próprios das pessoas coletivas e dos respetivos órgãos e serviços.

Eis a razão pela qual não incluímos estes poderes funcionais no capítulo dos direitos dos trabalhadores que exercem funções públicas.

ÍNDICE

INTRODUÇÃO	7
1. O Homem, a sociedade e o Estado	11
2. As necessidades coletivas e as funções do Estado	15
3. Os diferentes sentidos de Administração Pública	23
4. O Direito Administrativo e os atos de gestão pública	29
5. A organização da Administração Pública	31
6. A Administração Pública e a função pública	39
7. Os elementos constitutivos da relação jurídica. A relação ou vínculo jurídico de emprego público	47
8. Os princípios constitucionais sobre a organização e funcionamento da Administração Pública	51
A) O princípio da legalidade	51
B) O princípio da prossecução do interesse público e da proteção dos direitos e interesses dos cidadãos	55
C) O princípio da igualdade	61
D) O princípio da proporcionalidade	62
E) O princípio da justiça (e da razoabilidade)	63
F) O princípio da imparcialidade	64
G) O princípio da boa-fé	65
H) O princípio da colaboração da Administração com os particulares	66
I) O princípio da participação	68
J) O princípio da decisão	68
L) O princípio da desburocratização e da eficiência	69
M) O princípio da gratuitidade	71

ÍNDICE

N) O princípio do acesso à justiça	72
O) O princípio da responsabilidade	72
9. A relação jurídica de emprego público no novo estatuto da função pública: o vínculo de emprego público	75
10. Recrutamento e seleção dos trabalhadores da Administração Pública	79
a) Os mapas de pessoal	80
b) Os postos de trabalho	82
c) Cargos, carreiras e categorias	83
d) Conteúdo funcional	84
e) Requisitos de recrutamento	84
f) Dotação orçamental	85
g) Publicitação e as modalidades de vinculação	85
11. Vinculação. A constituição do vínculo de emprego público. Modalidades	87
12. Nomeação. Modalidades. Efeitos da aceitação	91
13. O contrato de trabalho em funções públicas. Modalidades. Produção de efeitos	95
14. A comissão de serviço. Produção de efeitos	101
15. Os direitos dos trabalhadores que exercem funções públicas nomeados e contratados	105
A) O direito à carreira	108
B) O direito à titularidade do posto de trabalho	114
C) O direito à contagem do tempo de serviço	115
D) O direito à classificação de serviço	117
E) O direito à remuneração	119
F) O direito à proteção social	123
I – No Regime Geral da Segurança Social	126
II – No Regime de Proteção Social Convergente	128
G) O direito a subsídios sociais	131
H) O direito a proteção especial na doença	134
I) O direito à proteção na maternidade e paternidade	135
J) O direito a proteção especial na sinistralidade	136
L) O direito ao trabalho em condições de higiene, segurança e saúde	137
M) O direito a um regime especial em matéria de férias, faltas e licenças	138

N)	O direito à proteção na educação	139
O)	O direito à formação profissional	139
P)	O direito à associação e à atividade sindical	140
Q)	O direito à greve	142
R)	O direito de exprimir a opinião técnica em matéria de serviço	144
S)	O direito de protestar perante ordens que repute ilegais	146
T)	O direito de resistir perante ordens criminais	148
U)	O direito à informação	148
V)	O direito a serem notificados dos atos administrativos em que sejam interessados	149
X)	O direito à audiência prévia dos interessados	149
Z)	O direito à fundamentação dos atos administrativos A figura da mobilidade	150

16. Os deveres dos trabalhadores que exercem funções públicas.
    Os deveres gerais e os deveres especiais ... 153
    A) O dever de prossecução do interesse público ... 154
    B) O dever de isenção ... 154
    C) O dever de imparcialidade ... 154
    D) O dever de informação ... 155
    E) O dever de zelo ... 155
    F) O dever de obediência ... 156
    G) O dever de lealdade ... 156
    H) O dever de correção ... 156
    I) O dever de assiduidade ... 156
    J) O dever de pontualidade ... 157
    Os deveres especiais. O dever de sigilo ... 157
    Os direitos constantes do Estatuto Disciplinar (LTFP) ... 157
17. As garantias de imparcialidade. Impedimentos e incompatibilidades ... 159
18. Os poderes funcionais ... 165